90岁，我的人生才刚刚开始

NON C'È TEMPO PER ESSERE TRISTI

意大利网红奶奶的人生哲思

[意] 莉西亚·菲尔茨 Licia Fertz [意] 埃马努埃莱·乌萨伊 Emanuele Usai ◎著

纪园园 ◎译

四川文艺出版社

图书在版编目（CIP）数据

90岁，我的人生才刚刚开始：意大利网红奶奶的人生哲思 /（意）莉西亚·菲尔茨,（意）埃马努埃莱·乌萨伊著；纪园园译. -- 成都：四川文艺出版社，2024.6
ISBN 978-7-5411-6958-8

Ⅰ.①9… Ⅱ.①莉… ②埃… ③纪… Ⅲ.①莉西亚—传记 Ⅳ.① K835.468.5

中国国家版本馆 CIP 数据核字（2024）第 082088 号

NON C'È TEMPO PER ESSERE TRISTI by LICIA FERTZ & EMANUELE USAI
All Rights Reserved © De Agostini Libri S.r.l., 2020, www.deagostinilibri.it
This edition arranged with De Agostini Libri S.r.l., through LeMon Three Agency
Simplified Chinese edition copyright © Beijing Centurial Charm Book Cultural Development Co., Ltd
All rights reserved.
著作权合同登记号 图进字：21-2024-042 号

90 岁，我的人生才刚刚开始：意大利网红奶奶的人生哲思
90 SUI, WO DE RENSHENG CAI GANGGANG KAISHI　　YIDALI WANGHONG NAINAI DE RENSHENG ZHESI

[意] 莉西亚·菲尔茨 [意] 埃马努埃莱·乌萨伊 著　　纪园园 译

出 品 人	冯　静
出版统筹	众和晨晖
选题策划	包子谭
责任编辑	路　嵩
封面设计	创研设
责任校对	段　敏

出版发行	四川文艺出版社（成都市锦江区三色路 238 号）
网　　址	www.scwys.com
电　　话	028-86361802（发行部）028-86361781（编辑部）
印　　刷	天津明都商贸有限公司
成品尺寸	145mm×210mm　　开　本　32 开
印　　张	7.5　　字　数　130 千
版　　次	2024 年 6 月第一版　　印　次　2024 年 6 月第一次印刷
书　　号	ISBN 978-7-5411-6958-8
定　　价	49.80 元

版权所有·侵权必究。如有质量问题，请与出版社联系更换。028-86361796

伊斯特拉半岛，1944年，莉西亚

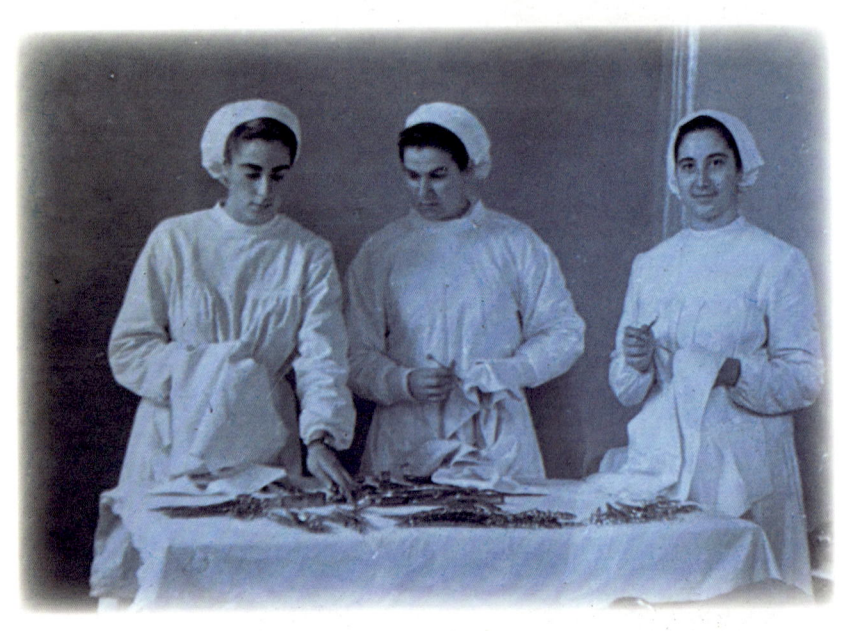

戈里齐亚，1952 年，在普罗维登修女会寄宿学校的手术室

罗马，1965 年，玛丽娜第一次去动物园

的里雅斯特，1955 年 7 月 30 日，与阿尔多的婚礼

维泰博，2015 年 2 月 28 日，60 年后的合影

维泰博，2018年3月，照片墙（Instagram）上的第一张照片

巴格内亚，2019年6月，为安东尼奥·卡瓦列里的照片做模特

维泰博，2020年4月，莉西亚和埃马努埃莱

献给阿尔多和伊莉莎贝塔，我们的幸福有了最好的结局

人的诞生不只是从母亲肚子里生出来那一天而已,生活会逼迫他们一次又一次地重生。

——加夫列尔·加西亚·马尔克斯

前言

一个民族的青春在于芸芸老者。

——切萨雷·帕韦泽

我总是乐于向外祖母伸出援手,而我更愿用这只手写下她那些不可思议的人生故事。

从儿时起,我就对外祖母讲述的往事深深着迷,我着迷于她独立的精神、抗争的灵魂和做事的方式,他人的评判从来不会影响到她。

当外祖母想要说服我选择某样东西的时候,她最常说的话是:"瞧,别人都没有这个。"她的话语每天都鞭策着我,鼓励我追求属于自己的幸福之路。可谁能想象到,她自己的幸福之路上,竟然有如此多的坎坷……

外祖父去世后,我平生第一次见到外祖母向生活屈服。那时我就下定决心,一定要想方设法让她的晚年生活盛大夺目,以弥补生活带给她的种种艰难考验。因为我自始至终都深爱着她,也因为她值得我这样做,我将尽我所能报之以爱，如同她给予我和他人以爱一样。

鉴于所发生的一切，这种爱的给予一定是不可计量的。

几个月间，我一直在听外祖母回忆往昔，并有幸将她的故事付诸笔端。在她叙述故事时，我并非一字不差地记录，也没有因改写而破坏话语的含义，我只是简单地写下来。我希望通过写作重现她的回忆和教导，我希望分享外祖母的人生观和她学到的教训，从而激励那些仍奋战在自己的人生战场上的人，无论这个人是谁。

我深信，智慧的火焰是唯一能够照亮困境的光芒，唯有这样的能量源泉能够在时间的流逝中滋养自我，而不被消耗殆尽。

智慧也是唯一一座能够指引你从黑暗大海驶向光明海岸的灯塔。在这个过程中，承受多少苦难并不重要，重要的是你终止痛苦的愿望有多么强烈。

如果我们好好审视自己的内心，便会发现，那种想要抗争的愿望，我们丝毫不缺。

我们需要做的，只是将这渴望拉出体外，付诸行动。为什么不呢？虽然我们只是透过书页重读某个故事，但故事的美好结局却可能属于每一个人。

埃马努埃莱·乌萨伊

目录
CONTENTS

这是一件大事	001
世界即如此	017
布吉伍吉之夜	042
人知生所，而不知死所	071
新的生活	098
王子驾到	125
震耳欲聋的寂静	142
为所爱之人停留	160
我已竭尽全力	178
我没有时间，也不想死亡	202
早安，外祖母	215
致谢一	218
致谢二	219

这是一件大事

2019年4月6日

"人的年纪越大,越会变回小孩子。"

我的外祖父总爱重复这句话。现在,我活的年岁比他还要长,也比任何人都更加理解这句话。

但我不理解的是,这句话适用的场景包括吃软烂的食物,用助行器辅助走路,或是禁欲,但为何不适用于睡觉,或至少不完全适用?

小时候,每当轰炸来袭,我就不得不爬下床,躲进避难所里。有一次,他们没来得及把我叫醒……于是,就连炮弹爆炸的轰然巨响都没能打扰我的美梦。

但现在,一晚上能睡上五个小时就已经算多的了。需要注意的是,这可不是什么连续的五个小时——若能那样,可真是谢天谢地了。

老年人的睡眠似乎无人谈及。最无聊的人会抱怨,因为他们无事不怨，可我从没听任何人说起。

或许是因为老年人从不睡觉，自然不会有人聊不存在的事物；或许是因为那种感觉非常奇怪，难以用言辞形容。

我想试着描述它：老年人的睡眠就像荡秋千。

如果你坐上秋千，期待飞翔，那么最终等来的只有失望；同样，如果你滑进床铺，期待睡个完整的好觉，结果也是一样的。在第一种情况中，人们干脆跳下秋千，确信这是一个愚蠢的游戏；而在第二种情况中，人们会在经历了一个又一个不眠之夜后筋疲力尽地起床。

对老人而言，其中的诀窍在于重新变回孩童，在于想要相信它，在于盲目地屈从于那天真无邪的快乐：年幼时，我们坐上秋千，相信它能够带我们飞翔；而当我们年老了，则欺骗自己，只要上床睡觉，就能进入真正的梦乡。

我们并不满足于此，但我们要接受。接受是更高尚的品德，在生活中，接受总能让我们倍感幸福。

老年人的睡眠是一件新鲜事，一件任何人都不会提醒你的事。睡眠的改变同其他任何改变一样，都令人难以接受，更不用说老年人这种最顽固的生物了。

而我时不时地，也会喜欢这种老年人的睡眠。

医生说，至少要让身体得到足够的休息。可是，医生们虽然做过研究，却从未亲身体验过，他们不知道，当你躺下时，身体最不舒服的部位貌似尤其喜欢让你难受。当天气变化时，你周身所有的关节似乎都觉得有义务警告你。它们用轻微却绵延不绝的疼痛提醒你，仿佛一阵接着一阵的电击在你身上散开，又宛如石头落入池塘激起一圈圈水波。

夜间出现的小病小痛同样绵绵不断，以至于一段时间后，你似乎习惯了它们的陪伴。如果你足够厉害，能够拥抱病痛，那么当它们消失时，你甚至会有一丝想念它们。

只消喝上几口花草茶，或是抽上几口烟，或许就能稍加缓解身体上的疼痛，可我至今还未找到任何能够让头脑稍事休息的方法。

在老年人的睡眠中，最神奇的莫过于无休止的意识状态。有时，你会有睡意，却很少打鼾，但只要家具上停着一只蝴蝶，便能叫你立刻睁大双眼，恢复清醒。我们似乎永远都很警觉，永远都在防御……可我们到底在防谁？

我们这些老家伙又在怕些什么？

这让我有了一个想法。虽然许多老年人的晚年生活都会有某种恶性疾病相伴，但真相却是，没有哪位老人愿意匆匆治好它。就算是那些不断任性抱怨的人亦如此。

因此，我们之所以永远保持头脑清醒——在睡梦中也不例外，只是因为所有人都对死亡有着难以言喻的恐惧。

我喜欢这所有的清醒；对我来说，失去记忆是最可怕的事情。即使在睡梦中也能保持警觉，这不仅具有积极意义，也能让我更加安心。

正如人在梦中——虽然这不常发生，可每当你进入梦境，那些场景是如此的清晰，宛若真实，梦中的色彩是那样的强烈，声音是那样的清楚，风景是那样的分明。老年人梦境结束后的状态，与未满70岁的年轻人常有的状态不同，他们不再有那种从幸福睡眠中醒来的轻微的混沌感，相反，他们头脑清醒，清楚地记得梦里的每一个细节，从而微笑着开启美好的一天。

有时，这种清醒也会开一些糟糕的玩笑。

每当我梦到阿尔多，醒来后，我会立刻将手臂放在阿尔多睡的那一侧，像是要看看他能否再次回到我的身边。

这些深夜的思考攫住了我，可等我奇迹般地再次入睡，直到时间来到6点30分，小家伙就会叫我起床，像瑞士钟表一样准时。

我这闹钟的声音富有节奏，是它用小尾巴拍打梳妆台发出的，这声音让我想起了小时候玩的手鼓的声音。

每天早上都像一场礼拜仪式。

夏令时早上6点30分，它走进卧室，在我的床前坐下。接着，它摇起小尾巴，一开始摇得很慢，后来越来越用力。

当节拍打到最快时，如果我还没睁开眼睛，里奥就会一次又一次伸出爪子，试图把我从床上拖下来，这样尝试不下30次。

如果我连一次爱抚都不给它，它可就不太满意了。这时，里奥会前爪用力，纵身一跃，跳到床上，开始蹦来跳去，嘴里不住地发出哼哼唧唧的声音。这声音有时听上去像在呼唤我的名字。莉西亚。莉西亚。

此时，再无赖床的可能了。不过，这是一次美丽的苏醒。

我睁开眼睛，首先看到的是里奥的双眼。那是我见过的最富表现力的眼睛，两只榛子色的眸子，又大又深邃。如果这双眼睛能说话，准能给你讲《神曲》故事。

里奥的可爱也出人意料，只要我们四目相对，它就会立刻迎上前来：它跳上床的动作轻柔得叫人无法想象，而且无论我用什么睡姿，它总能完美地匹配上，像极了动画片《101忠狗》里的机智勇敢的斑点狗彭哥。接着，里奥会用它的小鼻子和小嘴巴蹭我的下巴，趁着还没被睡在我身旁的小女巫伊索拉发现，没把它赶下床，里奥会贪婪地索取几下爱抚。所以，在这种事发生前，我最好赶紧下床。

早上，我会带着助行器走路，它能帮我走得更稳当些，我不能第三次摔断股骨了，否则只能去做手术。这真是一言难尽。

我起床后的第一站永远都是厕所，希望上天保佑我。

之后，我会跑去给狗宝宝们开门，满心希望它们没有排泄在屋里。

美好的一天总是这样开始的：我能痛快地解手，狗狗们能忍住，外面的天空上挂着暖融融的太阳。

糟糕的一天则是这样开始的：我没法解手，狗狗们只得在门口方便（更经常的是，我的背很疼，疼得越来越厉害，仿佛身上扛着两头母牛），而屋外要么下着雨，要么阴着天，冷得要命。伊索拉倒是不在意，但是在没有太阳的日子里，里奥是绝对不会独自出门的。我只好站在门口鼓励它，随后叫它赶紧回来。我会感冒，但我又不能抱怨，否则埃罗（埃马努埃莱的昵称）该说我太娇惯它们了。

埃罗比我强，我根本听不得它们哭。我不忍看到任何人落泪。若是看到有什么生物难过，而我又能做点什么让它停止伤心，我会立刻插手。

从小时候开始，如果我的兄弟姐妹或是小朋友被骂，我总会上前安慰他们；当我听到玛丽娜和埃马努埃莱的第一声哭泣时，便立刻把他们抱进怀里，我会责备让婴儿哭喊的母亲和外祖母；如果母亲惩罚孩子，不给他饭吃，我还会从桌子底下把比萨或零食偷偷递给生闷气的孩子。我没法忍受任何人的眼泪和悲伤，我就是这样的人。除此之外，狗宝宝们给了我足够的陪伴。

我有三只狗宝宝：里奥、伊索拉和卡米拉。

老卡米拉是其中最聪明，也是最好斗的狗。卡米拉是吉娃娃和杜宾犬的串儿，也是我养的第一条狗，因为我从来都不喜欢养狗。

准确来说，卡米拉是伊莉莎贝塔养的，她是我的外孙埃马努埃莱的妻子。不过现在，卡米拉陪伴我的时间要多得多。几年前，卡米拉自己搬到了我住的那层楼，我们由此组建起一处老年病房：它13岁，我89岁。

老卡米拉是狗狗里最聪明的，它能指挥所有人，包括我。

卡米拉如果想要某样东西，就会大声吠叫，那声音尖厉得像一个蜂鸣水壶，十分恼人，搞得你不得不投降，照它的想法去做。若是你没有立刻讨卡米拉高兴，它还会生你的气。这只母狗会随地撒尿和大便。

里奥则十分特别，我从没见过这么好的狗。它是一条金毛巡回犬，今年4岁，体重42公斤。

在此之前，我从没养过纯种狗，不过这一次，埃罗和我还有他的外祖父住到了一起，埃罗很坚定地想要养一条安静温顺的狗。他做了很多研究，甚至跑到遥远的克雷莫纳[①]，因为那里有人饲养专为老年人做宠物治疗的狗。

里奥的美丽毋庸置疑，每个从它身旁经过的人都忍不

---

① 意大利北部城市，位于伦巴第大区。

住停下脚步欣赏它一番。里奥体形硕大,全身金黄的毛发飘逸蓬松。它的身形的确很优雅,但动作并非如此。说实话,里奥跟埃马努埃莱一样笨手笨脚,而且总爱饶有兴趣地倾听。

里奥听话,招人喜欢,好得像个哑巴。它吃饭的时候,我都得盯着点儿,以防卡米拉和伊索拉把食物吃个精光。伊索拉,该叫它格里姆希尔德[①],因为它就是个小女巫。

伊索拉一岁半,长得漂亮,跟里奥是同一品种,但是性格截然不同。伊索拉本来同里奥是一对儿,但是它那不能受气的性格,让它在恋爱时都不愿落下风。

或许正是出于这个原因,我才这样喜欢它。伊索拉从不按别人的期待去做事。它喜欢玩球,但必须由它把球叼给你。我躺在床上时,伊索拉爱趴在我的身旁抱着我,可如果我冷了,想要叫它过来,它可不情愿让我取暖。伊索拉每次来到我身边,总不会空着嘴,总得给我带点什么,几乎每次都是它喜欢的东西——我的内衣和内裤。

伊索拉跟另外两条狗不同,它绝对不会被饿死。虽然它从不承认自己实际上有多么依赖你,但若让它看见别的同类在吃东西,它一定会从它们嘴里把吃的抢过来。如果说卡米拉属于伊莉莎贝塔,里奥属于埃罗,那么伊索拉则

[①] 童话《白雪公主》里的恶毒王后。

不属于任何人，它只是跟我们生活在一起而已。

狗宝宝们教会我一个最好的方法，那就是通过一个人对待动物的方式去评判他，以防将来对这个人失望。

虽然这一天还没有出现决定性的转折，不过照现在的情形看，应该会是美好的一天。

我还没有得到任何解放（尽管已经3天了），不过，至少狗狗们帮我省去了打扫的麻烦。再说，窗外太阳高挂，因此我至少有20分钟的自由时间。

我吃了需要空腹服用的药物，这也是一天当中唯一能够真正空腹服用的药物。接着，我去了洗手间，想再碰碰运气。

10分钟过去了，没有成功，我只好去厨房吃早饭。

照医生的说法，我应该等上整整1个小时才能吃饭，可药片上又没有装时钟，所以，管他呢。

我打开冰箱，拿出一大盒牛奶——满满一盒。我开动了。先是猛喝了三大口，好让自己恢复活力，然后再把牛奶放进微波炉加热1分钟。

当杯子里涨满了大奶泡，转着华尔兹般的圈圈即将快要从杯口满溢出来时，我再次打开了冰箱，拿出一罐果酱，狠狠地挖了三大勺，想要好好地抚慰下自己，然后那期待中的哔哔声响起，告诉我早餐做好了。

我坐了下来，在牛奶里加了两勺脱因的卡布奇诺咖啡和同等量的糖，然后在烤过的面包片上涂上黄油和果酱，再浸泡在牛奶里。早餐就这样做好了。

面包片浸入牛奶的声音一定有某种夸张的频率，狗狗们对此异常敏感。因为每当我这样做时，卡米拉就会从椅子上爬起来，跑进厨房；里奥和伊索拉则会在厨房窗外的阳台上疯狂地吠叫。

我立刻站起身来，给狗狗们开门，好让它们闭嘴。因为昨晚埃马努埃莱说想睡个懒觉，我不想把他吵醒，这个可怜的小天使。

再说了，只要我有烤面包片，就不成问题。我吃一片，它们每一条狗吃一片。里奥喜欢加果酱不泡牛奶的，伊索拉喜欢什么都不加，但需要泡上几秒钟，而精致的老卡米拉则要求既加果酱，又要泡透牛奶。

吃完早饭后，我会给狗宝宝们准备狗粮。它们要吃的是肉汤和肉末泡饭。做完后，我就去收拾自己了。在埃马努埃莱起床之前，我必须好好洗个澡，再擦干头发。他一定还没注意到，就算没有他的帮忙，我也能做到了。这个小伙子太细心了，比女儿还要好。

这时候该给屋子通通风了，还得整理床铺、洗碗，再安排两件小事，然后做好淋浴的一切准备，到时候得9点钟了。

我打开热水,一只脚刚踏进洗手间,这时,电话响了。我没有把无线电话带出卧室的习惯,所以我得飞速地穿上浴袍,还没系上扣就往外跑。永远都是这样,只要我一靠近电话,铃声就停了。等我回到浴室,铃声再次响起。

"喂?"

……

"对。"

……

"啊,谢谢,谢谢,很高兴来电。"

……

"对,你们找谁?"

……

"没,很抱歉,他现在不在。"

……

"手机号码?我不知道,我可以跟他说,您告诉我您的名字和号码,我让他打过去。"

……

"您说慢点,我老了,写得慢!安娜丽塔,记者,号码是您的表兄亚里山德罗给您的。"

……

"完美。日安。"

不知道是年老的错,还是视网膜黄斑病变的缘故,总之,我用了5页笔记本的纸才写下了几个字。希望这几个字至少还能叫人看懂。这会儿,埃马努埃莱还没有醒。

我回到浴室,发现忘了关热水。热水器里的水都放完了。我有些生气地等水再次灌满,不过既然我都到这里了,不妨试试半升热乎乎的牛奶,看看这对我是否有帮助。就在我即将胜利"解放"的时候,电话铃声又响了。这次我没有管它,因为我正在做的事情太重要了。可当电话铃声第三次响起的时候,我的注意力被分散了,我倒要看看是谁来搅局。

"喂?"

……

"没错,您说。"

……

"真的,真的非常感谢。他经常向我说起!"

……

"对,您找谁?"

……

"没,很抱歉,他现在真的不在,不过,您是他的朋友?"

……

"手机号码?我一点儿都不记得,请告诉我名字和号码,等他回来,我叫他给您回电话。"

……

"请您说清楚些,因为我老了,我写得很慢……罗伯托,演员。"

……

"好的,谢谢。"

当电话铃声第三次响起的时候,热水器的热水刚好到了叫人羡慕的完美程度,而我又一次单脚踏进了浴室。

"喂?"

……

"费德里克,宝贝。我正在淋浴,说实话……"

……

"没错,我知道他们在找埃马努埃莱,可昨天晚上,他跟我说,他不想让我叫他。"

……

"我知道他们在找他,他们把电话都打到这儿啦,可我能怎么做呢?"

……

"开玩笑!我不能这么干,你看,他又不是小孩子了。他在卧室,跟他媳妇在睡觉,我在楼上,我不去。"

……

"不,我跟你说了,我不去。而且还得下楼,太危险了……你打他手机了?"

……

"我知道是急事,可我不知道该怎么做!"

……

"等一下。我有个主意,可要是他生气了,我可一点儿都不想知道。我去把警报打开,然后开门,让警报声一直响,这样就能把他叫醒了。"

……

"你来背这个锅,对吧?"

……

"很好,我这就去。"

我身上还穿着淋浴拖鞋和浴袍,就这样走到报警器总线旁,弯下腰,抬起盖子,凑近了些,想看得更清楚,同时,伸出手指准备按下报警器。

没等我按下按钮,突然发现埃马努埃莱已经站在我身后了,这可把我吓了一大跳。

埃马努埃莱的耳朵很好使,他早就被这些噪声吵醒,什么都听到了。

"你穿这件浴袍干什么?"埃马努埃莱厉声责备道。

"没什么,"我立刻为自己辩护,"我没找到睡衣,准是被伊索拉偷走了。"

"跟我说说,你是怎么想的,要用报警器把我叫醒?全世界我最讨厌什么?我请你让我好好睡个觉。我上周工作很多，很累。你说，这过分吗？要是你再试图做类似的事，我就直接把你送到医院去。"

还没等我说一句话，埃马努埃莱已经把怒气撒到电话里了。

"我都不用费脑子猜，就知道电话那头是谁，我知道是哪个邪恶的头脑制造出虐待狂一样的反人类计划，折磨我的睡眠，叫我不能睡觉！对吧，爸爸？你脑子里在想些什么？你要是敢再试一次，你就给《谁看见了？》①节目组打电话吧，让你瞧瞧我会是什么下场。"

可是，没等埃马努埃莱爆发完，电话里的他就明白事情为什么如此紧急了。

"你是认真的吗？TG4②和RAI1③是什么意思？你是在跟我开玩笑吗？外祖母，你什么都不知道吗？"

"我接电话是想让你睡觉，可我不太明白他们想干什么。我把它记在笔记本上了，想等你醒了给你看。我甚至都没把你的手机号码给他们。我不想把你吵醒！"

"外祖母，别闹了。你说什么，爸爸？上帝啊，不敢相信，我太高兴了。我到现在都不敢相信！向你致敬，我现在就给他们回电话！"

----

① 意大利国家电视台（RAI）一档知名的寻人节目。
② 爱尔兰语第四频道，爱尔兰公共广播电视台。
③ 意大利国家电视台第一频道。

埃罗一挂断电话，我就向他寻求解释。

"怎么了，外祖母，你还不明白吗？你出名了！你在照片墙（Instagram）上为塞丽娜的珠宝拍摄的裸体照片上了新闻，现在所有人都想采访你。你证明了，酸奶会过期，但女人的美丽不会，人们都把你当成偶像。TG4想报道你，RAI1邀请我们去马尔科·廖尔尼的节目做嘉宾。你将跟它的创始人罗伯特对话——不是演员罗伯托！可是，你知道发生什么了吗？你意识到了吗，外婆？这是一件大事！"

"这是一件大事，埃马努埃莱，这真的是一件大事。"

世界即如此

要想解读命运传递的信号,就需要做正当的事情,而我的降生则早早地预示,我注定不能在平静的海洋中航行。

我是在暴风雨天降生的。那不是一场普通的疾风骤雨,那是1930年2月28日史无前例的暴风雨。在的里雅斯特①的记忆里,少有如此肆虐的狂风暴雨,无情的布拉风②呼啸着吹来大片雨夹雪。

那天夜里,无论是有轨电车还是无轨电车,都被大风吹得没法运行,因此,父亲下班后根本无法回家。恶劣天气也让米拉被迫跟我们待了一个晚上。

所有人都认识米拉。只要看见拄着拐杖的她,大家就知道,又有新生命即将或是刚刚降生到这个世界上。

---

① 意大利东北部边境港口,位于亚得里亚海北岸。
② 吹袭亚德里亚海沿岸的季节性东北冷风。

米拉是备受信赖的助产士，也是最优秀、最有经验的助产士，她拥有神奇的力量。在那个年代，人们都在家里生孩子，我母亲所属的德利塞家族，最后三代人都是在她的帮助下顺利降生的。

没有人知道米拉到底参加过多少次这样的狂欢。每到午餐时，人们畅饮着莱弗斯科红酒，酒过半酣，米拉的故事便成为餐桌上的谈资，并被不断夸大。米拉处事果断，为人严谨，这与她的身材形成了鲜明的对比。米拉的身高有两个水桶那么高，身宽却足有一个半水桶粗。与身姿再次形成鲜明对比的是她的脸庞。很奇怪，米拉的脸并不圆润丰满，而是颇有棱角，五官十分紧凑。

米拉总是把头发绑在脑后，她的前臂粗壮有力，可以轻轻松松地给大象接生。因为糖尿病的缘故，米拉不得已截掉了一条腿。不过在孩子们的八卦中，有人说她那条腿是在第一次世界大战中失去的，还有人说是被巴科拉[①]的海怪咬掉的。米拉话虽不多，但说的永远都是对的。

我出生后的第二天，暴风雨过去了。米拉拄起拐杖，夹着装工具的大皮包穿过院子，要回自己家，刚好碰上了终于从车站赶回家的父亲。那是他们第一次见面。

米拉的眼睛直勾勾地盯着父亲，没等父亲开口，她先

---

① 位于意大利北部。

说话了。话很简短："布拉风不是孬风，它吹跑了它。望恁晓得。"（布拉风不叫霉风，它把霉运吹跑了。希望你明白。）

米拉对男人抱有相当大的成见，她把男人分为三类：蠢蛋、鬼话精和好人。我们家的所有男丁都被她划归到最后一类中。米拉真心尊重和喜爱他们，因为每当有女儿出生，我们家的男人总是那么高兴。

蠢蛋是最糟糕的一类。他们首先关心的不是妻子的健康，而是直接问米拉，生下来的是不是男孩。面对蠢蛋，米拉会用一种从不允许自己有的傲慢，以寥寥几句回答："幸好他从母亲那儿获得了一切。"

鬼话精则占大多数，他们似乎早早准备好了一套模板，时候到了就会脱口而出："他们还好吗？能进去了吗？上帝赠给我的是女孩还是男孩？"等他们发现丝带是粉色时，就假装很幸福。

米拉说，她能轻而易举地辨认出这类人，因为假装快乐的人通常长时间保持同一种表情，而且过度使用手势。真正快乐的人则相反，他们眼神凝滞的时间不会超过3秒钟，手部动作细微，但动得很频繁，因为他们的幸福饱和了，止不住地溢出来，甚至不自觉地抬起脚，那步伐像是在跳舞。

很遗憾，当母亲将她的女儿——菲尔茨小姐抱给父亲时，米拉没能看到父亲跳舞的双脚。父亲为我选了名字：神父在教堂门外挂出了一些罗马名字[1]，方便被受洗的女孩采用，而"莉西亚"这个名字立刻击中了父亲的心。

毫无疑问，米拉也认为我父亲是个好人，可与米拉和我母亲的家族不同，父亲不是伊斯特拉人。

我的父亲，多梅尼科·菲尔茨，外号梅内盖托，1897年2月6日或是8日出生在拉齐奥北部一个叫作维伊亚诺的乡村小镇。他是菲尔茨家族在意大利的第十四代传人，家族的第一代是一位中世纪时移居梵蒂冈的土耳其医生。

父亲精力充沛，善于交际，天性好奇，这样的性格促使他在16岁时逃离家乡小镇，最终来到的里雅斯特，攻读金融学专业。

父亲从未后悔离开维伊亚诺小镇，即使被派到"一战"前线作战，他也不曾后悔。

父亲多次向我讲述皮亚韦河[2]。他说，那里除了红色，见不到其他任何色彩，因为死去的人们……

可无论如何，最令他害怕的仍是在一座小小的村子里度过一生。他为自由而奋斗。当时的他是光棍一个，一人

---

[1] 一般来源于拉丁语，是在古罗马时期使用的名字，现在许多名字仍然沿用。

[2] 位于意大利东北部。

吃饱,全家不饿。至少在遇到我母亲玛丽亚·德利塞之前,是这样的。

战争结束后,战败的奥匈帝国将的里雅斯特和伊斯特拉移交给意大利。我父亲以金融学家的身份被派往伊斯特拉半岛,而德利塞家族自打有家族记忆开始,就已在这里定居了。

伊斯特拉半岛上的人都知道德利塞家族,也知道他们那座坐落在港口上的漂亮宅院。那座院落是我记忆中最可爱的地方。院门永远敞开,随时准备在桌旁加把椅子,欢迎过往的游客,聆听新的故事,结交新的朋友。

母亲勇敢地将父亲梅内盖托领进宅院,介绍给家人。

我的外祖母帕尔玛异常坚定:她的女儿们绝不会被包办婚姻,她们应该享有自主选择的自由。

机会当然不缺。家里甚至有一间特殊的葡萄酒窖,家人们管它叫"邻居的酒窖"。酒窖里存的葡萄酒要么是邻居送来的礼物,因为他们想把儿子介绍给妈妈的妹妹,我的小姨莉迪亚,要么是小姨那些数不过来的追求者送的。

外祖父乔瓦尼从不干涉此类事情。他虽然只是个种地的农夫,可眼界开阔,绝不会拿女儿们的幸福换取区区几亩田地。不过,外祖父内心深处希望女儿们带回家的是一位英俊的奥地利人。

可我父亲既不是奥地利人，也不是伊斯特拉人。他是意大利人，他们曾经在战争中兵戎相见。

父亲人很好，他总能逗妈妈笑。他性格豪爽，但不爱谄媚，而且总是那么高兴，仿佛已经赢下了生命中的所有战斗。

外祖父第一次听完父亲吹小号后，便放下了对他的挑剔。第二次见面时，外祖母颇费了些力气才请来父亲到家里吃午饭，而父亲也吹了几首他会的曲子。

父亲坐在花园里的那棵大松树下，桌上铺着桌布，他享受着最好的招待。

小姨莉迪亚立刻借机炫耀，一展歌喉。外祖父乔瓦尼非常了解她，更清楚男人们在看到她的容貌，听到她那夜莺般的歌声时的反应，这让小姨看上去像一个卖弄风情的女人。她无疑比我妈妈更漂亮，也深知如何变美。她会花上好几个小时做头发、化妆和打扮自己。

她只消抬抬眉头，或是微微一笑，就能逼得外祖父开口提亲，或者至少是善意地撮合。

可是，父亲从未看过她一眼——他的眼里只有母亲，而母亲并不像她妹妹，她总是害羞地垂着目光。

父亲吹了近两个小时的小号，他透过音符，向外祖父传递了自己对母亲的爱慕。后来，他们停了下来，一直聊到很晚。父亲说，他第一次看到自己的国家有管弦乐队时，就萌生了入伍的念头，这更多是出于对音乐的热爱，而非对国家的热爱。听到这里，外祖父就提出了举行婚礼的想法。婚礼持续了整整三天，其间充满了欢声笑语。

父亲是一个追求进步的人，他懂得利用机会。于是，婚礼后，父亲和母亲搬到了的里雅斯特。那时，父亲刚刚在那里找到一份铁路上的工作。

外祖父母帮他们在的里雅斯特买了房子。房子位于圣加布里埃莱山路（当时叫作斯科拉科拉－科罗内奥路）14号的院子里。

我在那座房子里长大，时至今日，就算是在黑暗中，我依然能够在房子里辨别方向。

一进大门，右侧是一个小房间，里面附带一间宽敞的厨房，还有一个巨大的壁炉。这个壁炉跟那个年代的其他壁炉一样，都是人工垒成的。还有一个小隔间，里面装着一个洗脏东西的小水槽，还有一间小小的浴室。

虽然我们家只有四口人，但是桌旁总摆着六张座椅。桌子是木匠用厚厚的大理石砌成的。在做麦芽糖的时候，我好几次把桌子弄裂了。

房间里最叫人流连的是一台马瑞利收音机，父亲非常喜爱它。每当父亲打开收音机，我们就围成一圈，听里面的小鸟叽喳歌唱。我被禁止碰它，可是我无比渴望听到小鸟的歌声，于是，只要家里只有我一个人，我就会转动所有按钮。可是，无论我怎么转，小鸟从来都不唱歌。那时的我怎么会明白，那只是一个广播节目的主题曲，收音机里并没有小鸟。多么幸福的天真。

走上楼梯，上面有两间房，还有一个活板门通往阁楼。阁楼是与乔瓦娜夫人共用的。

躲在阁楼里是我最爱的消遣。我可以一整天待在那里，好奇地在旧衣物、床褥、铜器、木头和报纸间翻找。

我们的房子是那个年代典型的样式，一个院子里总共有四间房。

我们住在其中一间房，旁边住着姑奶玛丽亚，她是外祖父的姐妹；另外一间房住着西奥拉·乔瓦娜一家；剩下的一间房则住着三位单身女性，分别是一位母亲，还有两个不想结婚的女儿。

我们四家相处融洽，没有争执，像是一个大家庭。

我是院子里最小的孩子，所有人都惯着我、宠着我，他们总给我带"小恶魔"，就是那种小小的、五颜六色的糖果。

我最喜欢的是那两位老姑娘。她们对我就像对待未曾有过的女儿一样，用各种方式宠溺我，争夺我的关注。

妈妈玛丽亚和那个年代的所有女性一样，是一位家庭主妇。她从不闲着，把所有活计都干得十分漂亮，用虔诚的心刺绣、缝纫、烹饪。

妈妈知道自己不仅人好,而且漂亮,因此,她想方设法不展示出来。妈妈身材高挑瘦削,若是她化了妆出门,街上的人准围着她打转。

妈妈很有智慧,对孩子也非常细心。她乐于助人,总爱向他人伸出援手。不过,在我看来,她太过乐于助人了。比如,她曾经把我的第一件圣餐礼服捐赠给了教区。

做那件礼服时,是岛上的一位老裁缝帮我量了尺寸,小姨莉迪亚从旁监督。她十分郑重地承担了这一角色。我们之间还有一个小秘密:在我得知参加圣餐需要斋戒,周日早上我没法吃早餐时,我说什么也不愿参加我的第一次圣餐。直到小姨许诺给我做一件公主裙后,我才改变了主意。

做紧身衣和裙子的面料都是小姨从维也纳买来的,只有那里的布料拥有真正的纯白色。裙子和袖子上垂下的蕾丝花边是小姨拜托我外祖母做的,我们还一起前往遥远的威尼斯取回了面纱。

仪式完成后,妈妈把我叫到跟前,对我解释说,有的小女孩没有衣服穿,既然我已经不需要这件裙子了,正确的做法是把它捐出去。

我真的还需要那件衣服,但是大吼大叫无济于事。我想穿着它在院子里玩灯塔仙子。我威胁妈妈,扬言要去教区找到那件衣服，给它涂上烂泥，把它弄脏。妈妈眼睛直勾勾地盯着我，对我说："做好事，要忘记；做坏事，要三思。"妈妈教我的这一课，我永远都不会忘记。

后来，我从未去找过我的裙子，但我心里仍存着怨气，于是我坚持每天都和老姑娘们一起吃午饭，而我的母亲却体现了相当的教养：她会偷偷地为我和老姑娘们准备饭食。当时的我年纪虽然尚小，但也觉察到了母亲的行为，于是，每一次夹菜，我都会把叉子插在不是母亲准备的菜肴上。

我一向性格倔强。我讨厌强加于人，而且不听话。

我的母亲很严厉，但她只会告诉我什么事不该做，却不解释原因。我无法接受这种处事方式，因为我不喜欢我不理解的东西。我像个老顽固，眼珠子一转，就把她禁止的事情做了，甚至做得更加过分。

我喜欢玩泥巴，就算身上弄脏了，也不怕被骂，不怕被罚。

不过，最让母亲生气的一次，是我把鸡放走了。

在我们的屋后，有一个小菜园和一个养鸡的小鸡棚。我们养的鸡最后都是老死的，因为谁也没有杀鸡的胆量。而我不忍心看它们被关着，于是悄悄地把鸡放走了。

拉法来来回回跑了很多次才将它们追回，把我从困境里解救出来！

拉法埃莱（昵称拉法）是我的哥哥。他比我大7岁，我们之间的感情非常好。

拉法相当维护我，每当我做了错事，他都会想法子弥补，不让妈妈知道。例如，当我摘了不该摘的花时，或是没有系上保护裙子的围裙就快乐地投入大地的怀抱时。

我们从未背叛过彼此。

拉法比我听话得多。7岁那年，我断然拒绝了母亲喂的蓖麻油。那玩意儿叫我恶心。每天早上，当妈妈把那只恶臭的勺子塞进我的嘴里后，我都会把它吐进床罩里。当然，我也非常小心地不把被子和床单弄脏。简而言之，我让妈妈省了力气，让她屈从于我的固执。

拉法虽然年龄是我的两倍大，但没法拒绝妈妈，只好继续吞下那臭东西。

在我被禁足期间，我没法读《儿童画报》，拉法就偷偷地带给我。虽然那时他已经上了科学高中，但还是会读它。

拉法长得很帅，又高又瘦，有许多小姑娘追求他。他每次出门总要带上我，这样他就能更加自由，在外面待上更长时间，我也能因此挣到一些糖果，都是他那些女性朋友贿赂我的，好叫我离远点儿。我们双方都感到很舒服。

我们彼此非常相爱。我们一直是在非常开放的环境下长大的，我们不惧怕他人，也不惧怕不同，但总是充满好奇。总有人请爸爸去吃午饭，可就算他在最后一刻才告诉妈妈，妈妈也从不生气。妈妈做的饭总是很丰盛，因为她知道，院子里饭菜的香味总能引来不少过路的人。

我只有在晚上和节假日才能见到爸爸。他是一名铁路工人，在铁路乐队里吹小号。每到周日，我们都会去铁路工人下班后常去的俱乐部看爸爸表演。之后，爸爸会带我去糕点店。瞧，我的眼睛睁得有多大！我绝不会离开那个充满了奶油、面包和巧克力的王国。

我一直都很贪嘴。在去糕点店之前，妈妈其实也做了甜品，都被我吃了个精光。

到了夏天，或是把妈妈惹恼的时候，我和拉法就会被送到伊斯特拉半岛的外祖父母那里。

外祖父母的家是全世界最幸福的地方。

外祖父母住在半岛上最漂亮的楼房里，离大海只有几米远。这座楼房有两处入口，一处在海港广场内，另一处在后花园。花园里长着几棵百年老松，还放着许多座椅。

家里的一些公寓出租给了海关，还有一些租给了几个意大利家庭或斯拉夫家庭。其余的房间住着的都是德利塞家族的人。顶楼住着小姨父莫罗，他和马拉诺女孩住在一起。

小姨莉迪亚，外号"马拉诺女孩"，因为他们两人在马拉诺相识，当时，姨父为了躲避军队，逃进了修道院请求庇护。不过，神职人员的修炼与他的性格并不相符，与其接受修炼的召唤，倒不如召唤那位从院墙外走过的金发美女。一年后，他们的女儿出生了。可不幸降临了，女儿很早夭折，于是小姨父将所有的爱倾注到了我和小姨莉迪亚身上。

在所有人的宠爱下，我的童年无比幸福。

我在学校里玩得也很开心，我有许多洋娃娃，也结交了许多朋友，我们会到街上玩。孩子们结成不同的团体，互相扔石子，互相打架，还会互相辱骂。可后来，我们变成了比以前更好的朋友，在此期间，没有任何一位父母前来干涉，直到有些事情开始改变。

那时，我还只是个小女孩，不太明白发生了什么，可事情变得越来越糟糕，我很快就明白了。

在学校里，我们被迫穿上同样的服装；周六，我们不得不早起参加游行。

那段时间，我喜欢的只有法西斯"女巫"。她们会把所有孩子召集在一起，分发套头衫、糖果或玩具，而我总让哥哥陪我去。

发东西的都是一些小姐姐。因为哥哥长得帅，她们总把最好的东西分给我。有一次，一位小姐姐直接送了我一个洋娃娃和一件红色的毛衣。

我确信，这是我的家人从法西斯手里得到的唯一特权。

墨索里尼迫使我们的国家实行独裁统治，这让我们面临着喝不上最爱的俄国茶叶的风险，转而被迫接受一种难喝的国产玫瑰茄；而且它剥夺了我们拥有的最珍贵的东西：我们的姓氏。

"菲尔茨"听上去太像外国姓氏，于是，对独裁政权来说，将它意大利化为"菲尔米"更为合适。

然而，我的父亲坚决拒绝。他思想开明，根本不认同这样的想法，甚至拒绝了加入法西斯党的邀请。

在铁路上，父亲的同事和领导都劝他，方便起见，至少得在身上挂个万字符，并且警告他，若不这样做，会有丢掉工作的危险。

在短短的时间里，他们想尽办法让父亲屈服，不仅将父亲从列车长一级一级降为装卸工，还禁止他参加他最爱的铁路乐队。

但是，所有这些打压根本没用，只会更加坚定父亲的信念。面对降薪，父亲的应对方法是勒紧裤腰带过日子。

与父亲相比，我的母亲则更加理智，她不爱幻想，时常在吃饭时劝说父亲，向他解释说，如果不是外祖父送来粮食和蔬菜，我们早就活活饿死了。

当伊斯特拉的物资流动出现困难时，配给已经远远不够用了，父亲这才放弃，最终加入了法西斯党。不过，他仍然保留了自己的姓氏。

很快，父亲调回了列车长的职位，工资也提高了，铁路乐队再次邀请他一起演奏，但父亲拒绝了。父亲说，他现在已经厌倦吹小号了。他把这件事告诉了妈妈。他说得那样真实，几乎能够说服所有不认识他的人，可就是说服不了自己的妻子。

母亲十分清楚，他不是因为厌倦，而是因为自尊。不过，母亲从不反驳他，而是更爱他了。

只是，妥协得来的收入仍旧没有增加多少。

我再也不能因为想吃什么或是不想吃什么而闹脾气，饭菜的分量也越来越少。妈妈时常撒谎，说她在做饭时已经吃过了，自己不饿，好让我们多吃点。

在学校里，我看到自己与其他女孩之间有着巨大的差距。

我的衣服是旧的，都是用翻新的布料改的。我脚下穿着木底鞋，鞋面的布料是母亲用父亲的旧毡帽剪了做成的。我的长袜来自小姨，她拆了自己的一条白色毛线毯子给我织的。这样一来，我就什么都不缺了。

虽然全家人都很疼爱我、关心我，可我与那些身穿贴身裤袜和白鞋的同学之间的差距仍然无比巨大：他们像是从巴黎来的,而我却像一个稻草人。

看着他们,我并不嫉妒,只是不理解为什么他们能这样,而我却不能。妈妈总是很委婉地回答我。她厌恶矛盾,不愿看到人与人之间形成对立。妈妈跟我说,那些小女孩应该有一个当鞋匠的亲戚,不过她们没有一个当农民的外祖父,蔬菜很可能没我们的多。

有一天,为了庆祝我的生日,妈妈送给我一双白色皮鞋。我的鞋和其他同学的完全不同,但对我来说,这是世界上最漂亮的鞋子。

很快,我就意识到鞋是从哪里来的:妈妈一定是把她的皮包拿到鞋匠那里,拆了做成了两只鞋。

不过,真正的问题才刚开始,不是缺衣少食,而是人。人就那样一夜之间消失了。

有的人是应召入伍了,也有的朋友只是单纯地不见了,没有人知道他们去了哪里。就像那两个再没回到班里上课的同学,或是那位裁缝——我们曾经从他那里拿到了市里最好的布料。每当我问起,妈妈都会告诉我,他们逃跑了,去了安全的地方,可随后她就快速地转移了话题。

真相是,围捕越来越频繁。在车站工作的爸爸见到那样的场景后,能一连沉默好几天。将犹太人拉去集中营的是一列列火车,而且呼啸而过的火车数量日渐增多。

在火车驶过之前，先会迎面扑来一股强烈的刺鼻气味；在停车间隙，绝望的哭喊、讨水的声音不绝于耳。老人的哀泣和婴儿的啼哭清晰可辨。

所有铁路职工都被绝对禁止靠近，而我的父亲，作为有前科的"危险分子"，也招来了不少眼线的监视。

对我们来说，的里雅斯特已经不再安全。为了全家人的安宁，母亲带着我和哥哥投奔到了外祖父家里。当时我们身无分文，就连父母结婚时的金戒指也上交给了国家。

不过，伊斯特拉的外祖父母什么都不缺。

土地还是那样慷慨，而外祖父和小姨父莫罗发现，<mark>与所有人建立并保持友好关系是最大的财富</mark>。每天晚上，庭院里都有宾客。直到午夜时分，宾客才会散去，我们也才去睡觉。

渔民十分乐意用他们当天捕到的鲜鱼交换油和红酒，于是，我们每天的餐桌上都摆满丰盛的食物。我又能选择吃什么了，可是过去经受的饥饿却永远地改变了我。时至今日，我仍旧习惯于狼吞虎咽所有的食物。但螃蟹除外。大大的煮锅里热水沸腾，螃蟹会发出某种声音，这声音总让我无法下定决心将这可怜的生物放进嘴巴里。

尽管有战争，可在我心中，那些与外祖父母、小姨和小姨父在大大的房子里共度的时光，是我一生中最幸福的一段日子。

那时，妈妈和外祖母操持家务，我和小姨则玩起了公主游戏。只要是我看上眼的衣服，小姨都会毫不吝啬地从她的衣橱里取来给我。

小姨莉迪亚教我如何培养自己的女性气质。她告诉我，要将它视为一种馈赠，而且要悉心照料自己以作为对它的感谢。

我们每天的生活都非常有仪式感。

很久之后，我终于能再次喝上牛奶了。不过，在每天早上喝牛奶之前，我们都会为彼此梳头发。不多不少，就在收音机播放第三首歌的时候，开窗唱歌的小姨会招呼我安静点儿。

"莉西亚，你有很多优点，不过，唱歌显然不是。"当我试图发出某个尖利的音符时，小姨提醒我。

之后的两个小时，我们会一同在庭院里晒日光浴。再之后，我们会去海边，在海水里泡上很久。

小姨借口带我去呼吸空气里的碘，而她自己则会站在庭院的一个角落里，让街上走过的人都能看到她。当看到街上有帅气的小伙子时，她就会敞开自己那夜莺般的歌喉，吸引小伙子的注意。

有一次，因为小姨的缘故，神父甚至在复活节时都没来为家人赐福。那是一位新手助理神父，年轻帅气，却没脸再做神父了。

当那位年轻的神父经过时，小姨也对着他唱起了歌。神父被这样的挑衅吓得不轻，宁愿拔腿就跑，也不愿按响门铃。

这就是小姨莉迪亚，一位专业的"偷心贼"。当然，她没有一丝一毫轻浮放纵的意思，只有一种与生俱来的需求，想要分享自己的美丽。小姨的追求者甚至能组成一支军队，随她挑选，可没有任何一个人的爱能让她满足。形形色色的男人拜倒在小姨莉迪亚的石榴裙下，但她最多只是接受对方递来的冰激凌或是一张电影票。

有一次，来了一个纳粹分子，就是那种刚获得一丁点儿权力，就迫不及待要滥用的人。这个纳粹分子打断了电影的放映，只为了能在里面找到小姨莉迪亚。

还有一次，一个叫纳诺斯的可怕的家伙闯进外祖父家，要求再次与小姨约会。

男人越是渴望得到她，小姨就越发觉得无聊，因此，她从不给任何人承诺。小姨十分清楚，权力是妄想的产物，而非真正为人所有。而天真则是最适合滋养这一秘密的表达。

午餐之前，是我们的厕所时间，当然也要护理皮肤和头发。小姨会偷偷拿出黄瓜和鸡蛋来用，不过，妈妈是绝不允许这种浪费的，因为战时仍有很多人饿死。小姨莉迪亚却没有一丝愧疚：在战争中，人们更需要美。

与小姨在一起的日子里，我从不会连续两天穿同样的衣服。小姨会搭配些不同的织物和围巾，或者打上结，装饰成更加好看的样子。与小姨在一起的每一天，都像是参加时装展一样。

就算待在家里无所事事，小姨也总是做好一切准备。"生活，就像一直在等待一个吻。"小姨笑着说道。

第一轮轰炸开始了，我也不再做小姨莉迪亚的影子了。

当第一声警报响起时，所有人迅速起身，奔向郊外，寻求避难——除了外祖父、外祖母和小姨父莫罗。他们听凭命运的摆布，并不想逃走。而我也立刻改变了想法，至少这里能让我安睡。与外祖父母在一起，我感觉很安心。

我越来越多地陪伴在外祖母身旁，为外祖父和小姨父莫罗送饭。外祖父母虽然上了年纪，但仍镇定自若地在皮拉诺和卡波迪斯特里亚的土地上劳作。

那些在田地里的时刻，让我从现实中逃离了出来。那时的我，是没有母亲、小姨和哥哥的个体。他们多次对我说，下一次警报响起时，我应该跟他们一起跑。

在一排排玉米秆间，我可以浑身裹满泥土，没有人责备我；我可以每天在不同的树上吃饭，用两只手抓着吃。

这些无忧无虑的日子还没完全修复我对法西斯主义的

恐惧，又一个同样令人生厌的怪物敲开了我们的大门。只有那些生活在边境的人，才能完全理解战争的恐怖和人类的疯狂。

一天晚上，我们不得不坐上一辆卡车，尽快逃回的里雅斯特。这一次，我们带上了小姨莉迪亚。

外祖父母和小姨父莫罗不想去：他们非常清楚即将发生什么，但绝不投降——这是他们少有的几个共同点之一。

几天后，留下的亲人遭难，他们被人歧视，仅仅因为他们是意大利人。

他们被勒令禁止离开房子，禁止去自己的地里，后来禁止他们收取房屋租金。一位斯拉夫租户出于同情，为外祖父母带去食物，却受到了极为可怕的威胁。于是，他不敢再这样做。

年纪没能保护外祖父母和小姨父莫罗，他们没能从夜间扫荡中幸免。

某个深夜，他们被步枪咚咚咚的撞门声吵醒，随后被强制唱着名为《红旗》的工人运动歌曲，从伊索拉走到卡波迪斯特里亚，然后再折返。

小姨父莫罗心碎了，不久去世，而外祖父母则选择继续留在自己家里。他们随时面临被驱赶到卢布尔雅那[①]战

[①] 今斯洛文尼亚首都。

场上的危险，可在给妈妈和小姨的信里，他们表现得无所畏惧。

最后的羞辱，也是最严重的羞辱，是征用。

南斯拉夫人敲了一整个早上的门，下令他们必须在一个小时内离开房子，身上最多带3公斤衣服或杂物，其他所有物品必须完好无损地留在房子里。

就在外祖母犹豫要收拾什么东西的时候，外祖父乔瓦尼却来到地窖，在酒桶上打出一个个小孔。那些人可以强占他的房子，却不能占有他的莱弗斯科红酒。

到了晚上，外祖父母终于与我们在的里雅斯特团聚。那时，红酒也已全部洒在地上了。

外祖父母给了我们几个月时间陪伴他们恢复。

传来的消息似乎让他们日渐绝望。家庭密友再也没能回来，在污水坑里被围捕致死，仅仅因为他们是意大利人。比如我母亲朋友的一位老师，她被定罪，只是因为说了某个将军儿子的坏话。

我们生活在纳粹的统治下，但我们必须庆幸，我们都还活着，都还在一起。现在，轮到父亲来维持家庭这艘小船的前进了，我们也尽力有尊严地行驶下去。尽管吃不饱，但我们还能在黑市上买些东西，小姨莉迪亚也能经常收到礼物。

每当有空袭发生，伊索拉的一幕幕会重新上演。所有人跑去避难，除了我和外祖父母。每一次父亲都会责备我，对我感到失望，但这不能触动我分毫。

一天早上，我费力地做着面条，用的是没加鸡蛋的黑麦粉——这已经是能在黑市上买到的唯一食材了。这时，我听到了敲门声。

我去开门。可门一打开，横在我面前的是一把刺刀的尖头。

门外站着3个人，头戴镶着红色五角星的帽子。

那时，我刚满14岁。

我瑟缩在长长的家居服里，浑身止不住地发抖，这时，一名士兵瞪着我，对着我的脸，用斯拉夫语喊道："Lepa moja, lepa moja。"（"我漂亮的姑娘，我漂亮的姑娘。"）

我吓坏了，拼命尖叫，或许整个圣加布里埃莱山路的人都听到了我的叫声。他们在找我的哥哥。据他们说，我哥哥是个破坏分子。有人告密说，他在家里私藏了武器。

我的母亲既担心又愤怒，她用一只手将士兵们拖进了家里，请他们随意翻查。母亲甚至把地板门都打开了。

母亲的目光像是着了火，她质问道："你们想让我把床垫也打开给你们看吗？"

士兵把家里翻得乱七八糟，可什么都没有找到，最后坚持要把哥哥带到南斯拉夫人的司令部。

与我们同住一个院子的那家的父亲说的是斯拉夫语,他见哥哥被拖走,试图插手。但他没能拦住士兵们,就决定陪哥哥一起去。他让母亲放心,他会把哥哥带回家。邻居家的儿子是哥哥拉法埃莱的高中同学,对哥哥的遭遇深感同情和遗憾。

南斯拉夫士兵通常是临时征来的,许多人甚至连阅读和写字都不会,办公桌上的字迹混乱不堪。

拉法利用这种混乱逃走了。司令官建议邻居让哥哥先躲起来,直到事情尘埃落定。于是,妈妈将哥哥送到了乡下一位老太太那里。那位老太太不知道收留了多少处境危险的孩子,其中也包括那位长官的儿子。

可不幸还是降临了,没有人警告过邻居,他的儿子也面临着危险。

有一天,维吉尔再没回家,原因只是他父亲是加油站的工人。

之后的某一天,我永远不会忘记。马瑞利电台宣布,战争终于结束了,所有人拥上街头去庆祝。

在我的记忆中,人群激动得欢欣鼓舞,素不相识的人们拥抱在一起,大声喊着:"结束了,结束了。"我们兴奋地在大街上跳起了林迪舞,我们的新西兰盟友送来了巧克力和香烟。

那时我15岁，可我甚至可以说，我不知道已经活过多少段人生了。

战争永久性地改变了一切。

战前，我们是家境殷实的资产阶级家庭。

战后，我们一无所有。我们永远失去了伊斯特拉的房子和土地。

同样，我们经历了太多，将我们的恐惧也一并带走了。

我们都活着，这很重要。我们依旧能够醒来，实现生命的价值。

金钱来了又去；可若失去了自由，生命便再也没有了价值。

布吉伍吉之夜

战争刚结束的那几天,我开始害怕,担心自己忘记"正常"的生活该是什么样子的。我带着从未有过的怀疑生活着。

外祖父母说,"正常"就是战前的样子。不是"二战"前,是"一战"前。那时的伊斯特拉还处在哈布斯堡王朝双头鹰羽翼的保护下。

在爸爸眼里,"正常"是被进军罗马事件[①]和墨索里尼的崛起打破的。妈妈对此没有想法。而对小姨莉迪亚来说,"正常"根本不存在。

只有拉法的回答满足了我的好奇心。

"瞧,莉西亚,"拉法轻声对我解释说,"'正常'

[①] 1922年10月28日,墨索里尼号召支持者进入罗马,夺取政权,使得意大利成为第一个由法西斯掌权的国家。

应该是我们习以为常的生活，可是所有人都将'正常'与无忧无虑的日子绑定在一起。至少，他们认为应该如此。现在的生活肯定算不上正常，原因正是我们不知道现在的生活将何去何从，这让我们害怕。随着时间流逝，'现在'距离我们越来越遥远，一切将越来越清晰，我们的恐惧也将消散，而我们只会记得那些美好的时刻。这似乎很好理解，不然，所有人都无法生活了。而我和你，莉西亚，我们绝不要这样做。你能不能向我保证？"

我点了点头，放松地缩进了他的怀抱里。拉法懂我的恐惧，因为这也是他内心的恐惧，对未知的恐惧。

我们不知道我们会怎么样，不知道外祖父母的房子和土地会怎么样，不知道什么时候大街上才不会总有士兵的身影，更不知道那些再没回过家的朋友的命运会怎样。我们也不知道自己到底会是意大利人、南斯拉夫人，还是美国人。不过，我们知道的是，将有人为我们做出决定。

对生活在边境线上的我们来说，战争还未结束，我们仍然生活在不确定中。

我们继续听着马瑞利电台的新闻，而不是音乐节目。虽然我不喜欢，但很有必要。

的里雅斯特的土地被一分为二：A区，由北至南端的穆吉亚镇，归英美盟友控制；B区，包括的里雅斯特的其他地区，由南斯拉夫管理。

小姨莉迪亚竭力让我看到好的一面，杯子里至少还有半杯水，她努力帮我卸下那突然觉醒的沉重的灵魂。

当小姨意识到，就算是美国人的巧克力都没法分散我的注意力时，她立刻宣布了诊断结果：我的青春期来了。

小姨想让我恢复无忧无虑、精神饱满的状态。事实证明，她的疗法非常有效。小姨把我带进了舞厅那魔法般的世界，我第一眼就爱上了它。

太阳落山后，在的里雅斯特的大街小巷，派对聚会比天上的繁星还要多。每个人都想把战争的阴霾抛诸脑后，微笑着迎接未来。而在夜晚，这似乎更容易做到。

那天，我们花了一下午的时间，把一种混合了蛋黄和橄榄油的物质涂抹到脸上，又用山羊奶给两条腿做了按摩。到了晚上，小姨莉迪亚给我展示了一条裙子，那是她和妈妈为我的舞蹈处女秀缝制的裙子。那是一条深绿色的裙子，裙身闪着光泽，仿佛黎明时分散落在海滩上被海水侵蚀的玻璃片；两条宽宽的肩带与宽大的肩膀相得益彰；再往下是一条收腰的腰带，不仅凸显了臀线，更与肩部形成对比。柔软的裙摆一直垂到膝盖以下，当然，这对小姨莉迪亚来说太长了，但是妈妈很清楚：她的女儿应该可爱，而不该撩人。

想要骗过妈妈根本不可能，因为做裙子的就是她。那时，舒适阳光的风格又开始悄悄流行，不过对我们来说，时装店仍然奢侈得如同海市蜃楼。对我来说，穿上橱窗里的衣物是一种奢望。妈妈花了很长时间研究最新的款式，她总能让商店的橱窗蒙上薄薄的一层水雾。一回到家里，妈妈就会拿出裙子和外套，将它们缝制成最新的款式。

死皮赖脸对妈妈并不管用。越是向她抱怨，裙子就会再长一厘米。假若我胆敢用傲慢、咄咄逼人的语气表达我的理由，那么1厘米就会变成2厘米。

"别说了，莉西亚，不然你的裙子都要拖到地上了，"小姨莉迪亚央求我说，"相信我，<mark>秘诀是永远说'是'，之后再按你喜欢的方式去做</mark>。现在，只管说'是'，到了派对上，我会解释该怎么做的。"

各色的斯蒂庞克①车排成一排，自由出入的军用警车威风凛凛，在俱乐部门口欢迎着我们。油头粉面的士兵骄傲地将手肘靠在那些美国车的车顶上，吹着口哨招惹路过的女孩子，邀请她们上车。没等我报以微笑，小姨莉迪亚猛地一把抓住了我的手肘："爱情是美好的，不过被车子和票子吸引是妓女的做派。快走，再也不许做这样的事情！"

这是我学到的第一课。

那场派对最震撼我的一点是，所有人没有一丝尴尬，每个人都对他人微笑，似乎大家已经认识了一辈子。那是

---

① 一种美国轿车。

英国人组织的一场派对，当属那时组织得最好的派对了。派对上的一切都对女孩免费，管弦乐队一直演奏到很晚，那是我听过的最有节奏感、最动人的乐曲。那是布吉伍吉音乐，每一个和弦似乎都在庆祝人们渴望已久的轻松愉悦。

小姨莉迪亚决定教我跳舞，她安排我站在旁边。我着迷地看着人们移动着脚步。小姨抬起食指，戳进我脸颊上的小酒窝，语气坚定地告诉我，没有不微笑的舞蹈。随后，小姨抓着我的肩膀，让我身体微微前倾。等到项链不再贴着我的胸口时，就说明我的姿势摆对了。

之后，小姨向我展示了腿部动作的奥秘：用脚尖控制一切。我必须轻轻抬起脚尖，轻得似乎谁都能将它们拉起来，而放下时则异常坚决，似乎能让全世界感受到我也是这份能量的一部分。不过，最重要的是，我应该大胆地练习。

经过几次笨拙的尝试后，我们成功跟上了《美国巡逻兵进行曲》的节奏。作为奖励，小姨带着我快转了两圈。当我注意到有人的目光落在我们身上时，我就明白了其中的奥秘，即更多地露出膝盖，而不仅仅是展示长裙子。我乐在其中。舞厅的那种活力让我能够用不同的眼光观察这个世界。

院子里搬来了一户新人家，就住在姑奶玛丽亚原先的房子里，生活中因此多了许多新鲜事儿。这家租户有一个跟我年纪相仿的女儿，名叫卢西亚娜。我们俩很快就玩到了一起，成为彼此最好的朋友。

女孩子之间的友情非常奇妙，像磁石一样。彼此吸引的女孩，比户籍科更能分辨出谁是姐妹。 我们俩立刻认定了对方，这无须用言语来表达。通常，伟大的友情会以两种方式开始：一种是激烈的竞争，一种是第一眼就爱上对方。不管是哪一种，有一点是确定的，那就是你们之间的会面绝不会让你扫兴。

我和卢西亚娜立刻被彼此吸引。我对这个女孩充满了好奇，就常常去公共休息室的阁楼里，希望能见上她一面，跟她说上两句话。很快，两句话变成了长长的聊天。我们聊啊聊，忘记了时间的流逝。我们告诉对方那些从未想过能分享的故事，我们发现彼此正在经历同样的情绪和恐惧，这让我们感觉好了许多。没过几周，我们就变成了无话不谈的好友，我们会因为同样的笑话大笑，我们给每个人起绰号，我们还用只有我们两人能懂的密语交流。

我们每天早上都会一起去海滩，后来，与我们同去的女孩越来越多。到了晚上，我们会一起在码头散步，在大街上闲逛；每隔两周，我们会泡在冰激凌店里享受晚餐。那里有一种叫作"有吃有喝"的饮料。这种饮料价格昂贵，可里面应有尽有，超乎我们的想象。我们喜欢同盟军带来的一切新奇事物：篮球、西部电影、棒球比赛、可口可乐，还有甜甜圈。不过，我们最喜欢的是他们的派对。"拿破仑之夜"派对一直持续到凌晨两点才散场。我母亲不想我这么晚回家，于是，她开始和朋友们的母亲轮流陪伴我们。不过，所有女孩都更喜欢我的母亲。我母亲非常聪明，常常假装没看到我们；另外，她打扮得相当漂亮，她那与生俱来的美丽总能吸引更多的爱慕者。

如果说我们从未缺席过任何一场派对，那一定是因为他们：男孩子们。他们彬彬有礼地邀请我们跳舞，不过，女孩们这时得格外小心，谨防音乐突然改变；当华尔兹舞曲响起时，灯光暗淡下来，这时，男孩们粗鲁的手会大胆地伸向原本不该去的地方。只要轻拍一下，这些手就会乖乖地回到原位。卢西亚娜通常还会加上一声大喊："展示商品，禁止触碰！"不过，最好还是不要喊。

有一次，我们俩被两个无聊又性急的男孩缠上了。男孩们无休止地纠缠我们，搞得我俩筋疲力尽。他们无论如何都要在第二天与我们见面。卢西亚娜给我出了个主意，她让我先应承下来，然后第二天再放男孩的鸽子。在我看来，这简直是个绝妙的点子，于是马上同意了。

不过，那两个家伙比我们想象的更加顽固。在下一次舞会时，他们跑到母亲面前告了我的状，说我们戏弄了他们。

母亲立刻把我带回了家，一路上没有对我说一句话。远处，各家舞厅传出的曼妙音符如同伴奏一般，为我前往绞刑架的道路配乐。

母亲关上房门，指示我在厨房的餐桌前坐下。

"莉西亚，你以为你是谁？你是不是觉得全世界都被你踩在脚下？只有你会为爱所苦，其他人都没有心吗？你不应该这样做。你要是不喜欢某个男孩子，就拒绝他。虽然这有些粗鲁，但还是要说'别在我身上费劲，走开，走开，我对你没兴趣'。在生活中，你得直接，只有这样才能避免麻烦。"

我答应妈妈，在接受约会之前，一定会三思而后行。我照做了，可这不足以抵消妈妈对我的担心，因为我是她唯一的女儿，她在我身上灌注了太多的爱。

很明显，我很擅长消遣玩乐。不过，现在到了证明我也很正经的时候了。

我得找一份工作，让自己独立起来。在家时，父母能保证我什么都不缺，不过，那些小小的坏习惯和天马行空的想法得由我自己付钱。

妈妈帮我报名了一所打字和速记学校，这样一来，我就能在一个叔叔的公证处办公室里实习了。

就是在那所学校里，我认识了丽达。我们大不相同。

也正是因为大不相同,我们才坐到了相邻的座位上。课程从9点整开始,不过,丽达非常焦虑,像是总要证明什么一样。于是,在8点15分的时候,她已经来到教室,占了第一排的座位。我则非常喜欢睡懒觉,在8点58分才姗姗来迟,教室里只剩下最后一个座位,就是挨着丽达的座位。我受不了坐第一排,无论是在学校,还是在教堂。可这一次,我没得选。

别人管我俩叫"IO女孩"。我和丽达的身材分属两个极端。我又瘦又高,而丽达却又胖又宽。正如每一个尊重"自我"的人一样,我们之间尽管存在许多差异,但仍然和平相处。

我喜欢对着瓶子喝可口可乐,丽达则喜欢倒在杯子里喝;我喜欢用两只手抱着西瓜吃,西瓜籽也一并吞下去,丽达却喜欢用刀把西瓜切成块,只吃西瓜的果肉;我喜欢穿彩虹般五颜六色的衣服,丽达却只穿黑色衣服,最多穿深蓝色衣服。

然而,几个月后,丽达成了我最好的朋友,同时也成为卢西亚娜最大的敌人。

是谁规定人只能有一个最好的朋友呢?她不是唯一的朋友,也不是绝对的朋友。**友谊最好的特点是自由和不占有。**

只是,卢西亚娜不同意。

在我请求卢西亚娜不要再叫丽达"火流星"时,卢西亚娜嫉妒得简直发了疯。

"还不是你起的头,你叫内里娜'狗鼻子',叫雷娜塔'奶和蜜'。"

客观来说,内里娜的那只鼻子的确更适合安在京巴狗的脸上,而不是小女孩的脸上。雷娜塔则有一个恶习:每跳起华尔兹舞步,她就会把自己那波涛汹涌的胸口靠近男孩子的脑袋。

不过,这不是重点。我对丽达产生了一种强烈的保护欲。我越是了解她,就越知道她的柔软其实是一层皮革,为了保护自己不受伤害。丽达没法走出来,她记得一切坏事,仿佛她有一根播撒仇恨的绿手指。

"那头大象,她不仅有'吨位',还很记仇。"卢西亚娜似乎对我的新朋友越来越有微词。

丽达不愿意做任何讨好别人的事情。她似乎很恐惧,害怕交出了信任,换来的却是失望。在我们交换穿舞会的衣服时,丽达会满脸震惊地看着我们。

"你们穿别人的衣服,是怎么不让自己感到恶心的?"

"像大象吃葡萄一样的恶心,或者说是狐狸?"卢西亚娜挑衅地回答。

维托里奥的出现让两人休战了很久。那是我第一次坠入爱河。或者说,我认为如此。我只要从公证处的办公室出来,就会立刻奔向维托里奥。我们相伴走很久,话虽不多,却常常亲吻。维托里奥很帅,但性格难以相处。他非常自私,甚至把我看作他的私人物品。

对丽达和卢西亚娜来说,找到一个共同的敌人远比拥有一个共同的挚友来得有效。她们结盟了,一同与维托里奥竞争。其实,早在她们有所察觉之前,我就意识到,维托里奥不适合我,但我还是拖延了一段时间,单纯为了稳固与两位朋友的友谊。

到了合适的时候,我找了个理由与维托里奥分了手。为了庆祝重获自由,我们三人一起报名参加了一家公司的体操课程。不过,后来这家公司强制要求周日早上训练,我们就再也没有去过,虽然我们已经交了一整年的费用。不过,至少我们还能被邀请参加他们的舞会派对。我们会抽出周六早上的时间,去茱莉亚路上的德雷尔啤酒厂,在酒厂的地下室里聚会。那是我最爱的地方之一。

所有人一起坐在桌旁,身边都是素不相识的陌生人。大家共同分享盘子里的各式香肠,紧接着牛饮一口靴形升杯里的啤酒,将香肠送进肚里。所有人齐唱的里雅斯特的歌曲,忘记过去,什么都不想,尽情梦想着未来。

我时常想象未来,因为现在完全无法让我满意。我已

经正式开始在公证处工作了，可这份工作极度无聊和单调。我用机器打字，把契约送过去，再提交交易，然后周而复始。

我好动，这样的工作不适合我。

我这位叔叔性格极度暴躁。起初，他对我还颇温柔。叔叔身材极瘦，一头纤细的鬈发包在一张饱经风霜的老脸周围，让他看上去活像一头豪猪。我原以为，他那暴躁的脾气是因为这样的外表而遭受了许多次拒绝，经历了许多肮脏的事情。但是后来，我不得不改变主意。他只是因为贪婪，对金钱，也对感情。

所幸，只要办公室的大门在我身后关闭，我便不再去想这些。让我分心的事情很多，例如舞会、在海滩上的日子，或是在公园里的那些时光。我们先去滑冰，然后去露天电影院，这可是丽达最爱的活动。丽达不爱去海滩，她总能找到一个理由让我们看不到她穿泳衣的样子，不过，若是让她去看一部浪漫的电影，她能连续五个晚上都去欣赏。

丽达很容易与女演员共情，可是每当我们给她介绍男孩认识时，她总会咆哮。天知道她赶走了多少男孩子。不过，丽达坚持说是因为对男孩没兴趣。不过，更可能的是，她害怕被拒绝，于是更乐意不去冒这个险。

而且，丽达极擅长避开她不想讨论的话题。很简单，她根本不给对方留说话的时间。她简直像一座火山。我还从没见过谁能在一个小时内说这么多话。她活像一份报纸，对周遭发生的一切都能及时、充分地报道。每当八卦的内容十分火爆时，她就会搓着双手，两眼放光，说："你想听爆炸的新闻吗？"

丽达那天晚上讲的故事是一颗实实在在的炸弹。公司里一个叫格拉齐耶拉的女孩要结婚了，而且婚后将移居美国。这个故事证明，女孩给美国盟友士兵上的意大利语课太像一场欺骗。那个叫吉姆的美国兵不仅学会了这门语言，甚至直接将她的心也带走了。当然，在丽达眼里，这并非真爱，而是一个能够安家的完美机会。她评判他人的那股勇气永远没法用在自己身上，这是丽达最让人难以容忍的缺点。对丽达来说，评判他人远比挑战自己的极限容易得多，她总会抱怨自己的不幸，可就是无法明白这一点。

丽达是在办公室里发现这个爆炸性消息的。她看到了格拉齐耶拉父亲的一张土地转让证明，格拉齐耶拉解释说，父亲准备用这样的方式支付婚礼的费用。丽达自从在一家律师事务所工作后，就打着更好地给案卷归档的旗号，翻阅那些不归她管的案子，以便获知更多可以分享的故事，满足自己的八卦欲。

每一个想要发公告的人都知道，他们有两条路可走：一条是告知所有人；另一条是向丽达倾诉。当然，后一条在使用时需慎之又慎。

丽达只有一次背叛了我的信任。丽达害怕失去我，于是冒了可能会永远离我远去的风险。

与维托里奥分手后，我再也没跟任何人交往，甚至因此得了一个"事不过三"的绰号。因为每当约会三次后，我总会跟对方分道扬镳。

这是妈妈的错。我在跟维托里奥交往期间，曾经把他带到家里，就跟以前带其他朋友回家一样。不过，有一天，维托里奥和他母亲一起来到我们家，还带了一个水果馅饼。

在离开他之后，或者更确切地说，是我让自己离开他之后，他的母亲曾经来到我家，抗议儿子受到如此对待。

我的母亲，那个从来都无愧于心的人，竟然因为我的缘故，被迫在某个人面前垂下目光。这样的羞辱换来的是一则绝对禁令：不允许我带男朋友回家，直到婚礼前一天为止。

丽达很清楚这个禁令。我们待在我家的时间远比在她家的长。于是，因为担心我过于迷恋最近的热恋对象，丽达向妈妈建议，让她做好准备，认识我的新男友。

丽达把我在奥索尼亚认识的那个男孩的一切细节都告诉了妈妈。从身材上来说，他不是我的理想型，他也不是那种十分聪明的男孩。他与我握手，向我介绍说，他叫利西奥。这是我认识的第一个叫利西奥的人,而我把这次相识完全看作是命运的安排。

这种信念让我忽略了许多事实,让我为本该敲响警钟的事情赋予了合理的借口。

例如,利西奥不喜欢奶油蛋糕,他甚至觉得那玩意儿特别难吃,于是他拒绝陪我去巴索维扎那家我最喜欢的糕点店。我试图忽略这件事,还自我安慰地想,这样一来,他就不会问我讨一口蛋糕吃了——这是一种十分流行,但缺乏教养的做法。**若是有人认为,讨要一块别人正在吃的食物是有教养的表现,那么我认为,每次都拒绝是一种更好的教养。**

利西奥甚至连跳舞都不会,当然也不会在吃饭时不发出声音,不会在喝啤酒时不打嗝,更不会打开钱包给我买点东西。

可是,我却自欺欺人地认为我能改变他,把他改造成自己梦想中的男人。我坚定地相信,归根结底,他的名字是不会变的,而这名字是那样的完美。

丽达和卢西亚娜越是让我放手,我越是固执地相信,正是由于我的亲近,他的身上出现了一系列小小的进步。

一天晚上,妈妈叫我准备晚饭,做洋葱和土豆煎蛋卷。妈妈已经把鸡蛋拿出来了。当我准备打鸡蛋时,却发现鸡蛋非常硬。我问妈妈这是怎么回事,妈妈却回答说:

"丽达已经把那个重磅消息告诉我了,她跟我说了利西奥的事情。你认为自己很厉害,甚至能改造一个男人,那么改造几个鸡蛋应该不用费什么力气。"

面对这样的挑衅,我只是微微一笑,并马上动手切起了洋葱,以掩盖自己流下的眼泪。这是失望的泪水,因为丽达的背叛;这是生气的泪水,因为自己的愚蠢;这也是无助的泪水,因为我无法反驳。

为了表达自己的不满,我做了史上最难吃的煎蛋饼。我把煮熟的鸡蛋切成小方块,加到了土豆里。

"你说得对,妈妈,不费什么力气。"我一边把盘子端到桌上,一边说道。

我将满满一叉子食物塞进嘴里,才意识到这玩意儿有多么难吃。我忍着恶心,只说了一句:"还不赖,只要你知道满足。"

"事实是,简直难以下咽。莉西亚,你都20岁了,居然还把满足和自欺欺人混为一谈。"

我原本以为,等待我的会是冗长的说教和责骂,以及像往常一样历数我的过错,可是,妈妈只是从餐具柜里拿出一块糕点递给我。她亲吻我的额头,紧紧地拥抱我,请我向她倾诉,让我告诉她我的想法,为什么我会变得这么不理智,这么不满足。

聊了一个多小时,吃了三块糕点,我们才终于说到正题。我真的不喜欢公证处的那份工作，我感到窒息。我整天都要做同样的事情，这让我痛苦不已。我喜欢跟人打交道，不想成天独自一人面对油印机和文件夹。

我向妈妈解释，我之所以没有早点儿坦白这一点，是因为我感觉很内疚。我看得见父母为我做出的牺牲。他们已经为我付了学费，还为我找了一份正经的工作。显然，事情就该这样继续下去。我迟早会习惯这样的生活，我将变得乐意去公证处工作，我只需有耐心。

妈妈把我抱得更紧了，她向我解释，家庭的价值是由每个家庭成员的幸福总和决定的，而不是银行账户里的钱。她和爸爸只希望看到我幸福。我甚至可以明天就离开公证处，只要我知道自己想要成为什么样的人。

知道家人理解和支持我之后，我立刻感觉好多了。我的内心变得非常平静，于是经过几天的沉默后，我就原谅了丽达。我立刻离开了利西奥，直截了当地同他分了手，回到了只考虑自己的状态。如果我自己都不能幸福，那么拥有伴侣也不会获得幸福。

虽然我可能会变成老姑娘，最后孤独终老，但这种风险并没有吓到我。的里雅斯特是我的游乐园，我永远不会从舞会和派对的旋转木马上跳下来。

我很快得出了结论：我想成为一名护士。不过，我没有立刻告诉家人，因为过不了几天就入夏了，我还要参加许许多多派对。我甚至有点儿享受与公证处叔叔一起工作，因为我至少可以在档案室里偷偷睡大觉。

我时常在舞会结束后直接去办公室，中间甚至不会到床上睡觉，而且这样的次数越来越多。这种生活方式让我感觉很惬意。等到翻出秋天的夹克时，我会和盘托出自己的决定。

为了庆祝这种全新的精神状态，我参加了在巴尔科拉举办的户外派对季的开幕式，这是一年中最叫人期待的活动之一，那个夜晚是对我最好的馈赠。

自1947年与意大利签订和平条约后，的里雅斯特被划为自由区，这已经是自那之后的第三个夏天了。自封为自由大使的小姨莉迪亚决定同我和我的朋友一起去参加舞会。丽达把小姨叫"老师"，因为她认为，我们都能从小姨身上学到东西。小姨很喜欢围绕她的形象塑造出的神话，她也经常将自己的幻想伪装成真实的故事来滋养这些传奇，而且她非常擅长让我们保持沉默——我们也没有人愿意打破沉默。

我们刚到舞会没多久，一群男孩子就围了上来和我们聊天。他们人都很好，也很可爱。即便如此，也没有任何事能比我刚刚获得的内心安宁更有吸引力，于是我没怎么搭理他们。

不过，几个星期后，两只大大的蓝色眼眸经常向我靠近，冲击着我那不愿与男孩子有太多瓜葛的意志。

在另一场舞会上，我们又碰上了这群男孩子，他们热烈地欢迎我们，仿佛我们是他们最要好的朋友。

他们都不是的里雅斯特人，所以希望抓住一切机会扎根于此。他们的温暖中没有恶意，只有孤独和对亲情的渴望。对女孩子们来说，最难以抗拒的往往就是内心的母性。男孩子们告诉我们，他们都刚刚进城，每个人身上都带着战争的创伤。他们热爱的里雅斯特，因为无论从何种意义上来说，这里都是一片自由的土地，最重要的是，这片土地能让你自由地梦想。

就在他们说话的时候，丽达已经开始幻想自己婚礼的礼服了，而卢西亚娜也在琢磨自己最喜欢哪一件。这时，一个金发男孩走到我面前。男孩的眼睛像冰一样蓝，却温暖得让我快要融化。

"幸会，阿尔多。"

"莉西亚。"我克制地回答，脑海里努力回想着曾在哪里见过他。

阿尔多也是那帮男孩里的一员，只是他对女孩子的态度与他们不同。

阿尔多伸出手，邀请我跳舞，还即兴哼了一段布吉伍吉舞曲。我想起来了，我在之前的一场舞会上见过他。他每一首曲子都和不同的女孩跳舞。他的舞跳得非常好，可若是他以为能让我成为他的新舞伴的话，那就大错特错了。

"我不会跳舞，也不想学。"我微笑着，语气坚定地回答。

我的拒绝丝毫没有吓退他。阿尔多改变了策略，他递给我一瓶可口可乐，并邀请我去海边喝饮料。我实在没法对他说"不"，他太迷人了。

他是派对中个子最高的男孩之一，当然，样貌也是最帅的。他肩膀宽阔，肌肉健壮得恰到好处，两片丰满的嘴唇里藏着洁白的牙齿。人们可能会误以为他是英国人或德国人，不过他那一口弗留利口音绝对不会让人听错。

"你谁呀，阿尔多？"

我的回答愚蠢至极，极具挑衅意味，不过，他轻松化解了。

阿尔多开始向我讲述他的生活，他的一个个故事让我深深地着迷。

阿尔多出生在格拉迪斯卡-迪松佐[①]。他的父母都是戈里齐亚人，他的祖父是奥地利人：阿尔多继承了祖父的姓

---

① 意大利东北部的一座城市。

氏斯皮勒，还有迷人的北欧魅力——这一点他十分清楚。

战争刚开始时，他们一家就搬来的里雅斯特了。阿尔多刚满9岁的妹妹被一场突如其来的脑膜炎夺去了生命，母亲不知道该如何挺过这样的伤痛。阿尔多的父亲认为，换换空气或许会对母亲有所帮助。于是，阿尔多的父亲在一家钢铁厂找到了工作，全家搬到了的里雅斯特，为此，一家人作出了许多牺牲。

阿尔多被迫放弃了对小提琴的热爱，成为一名工程师。阿尔多在这两方面都很有天分。

阿尔多只和女孩谈论战争，否则，他就会与那些支持法西斯等党派的人发生争执。阿尔多痛恨这些党派。不过，在上帝的帮助下，他成功瞒过了所有人。

阿尔多曾被抓进纳粹的劳改营，几个月的时间里，他挖战壕，挖防空洞，用来果腹的只有早上干巴巴的面包和晚上一顿恶心的卷心菜汤。在睡梦中，阿尔多依然能梦见那两个折磨他的士兵——他们站在高处，大声叫喊着让他快点儿，用靴子踢下碎石瓦砾。当时，阿尔多在戈里齐亚的一位朋友刚好为纳粹军队提供补给，阿尔多便躲在他的面包车里逃了出来。当母亲看到阿尔多回来的时候，差点晕了过去。父母让阿尔多入伍做了红十字会的搬运工，这样他就不会被贴上"逃兵"的标签了。可这还不是最糟糕的情形。他说，自己能活下来简直是个奇迹。后来，他和同事被带到了设立在大学里的监狱中。在经受了数周的虐待和挨饿后，一天晚上，士兵过来问他们，谁会做面包。阿尔多甚至不懂得做面包第一步要干什么，不过他还是被选中了。这样一来，至少囚禁的条件会有所改变，不再被困在仅有几平方米的小屋子里——况且自己也没有什么能失去的，于是阿尔多决定试一试。

当两名士兵带着这些临时面包师从圣朱斯托转移到不远处的一家面包房时，对的里雅斯特的轰炸开始了。地面上的所有人顿时惊慌失措，混乱不堪，阿尔多趁机溜进了一条排水沟里。他用手肘撑地，快速向前爬行，尽可能逃得越远越好。后来，他夸耀说，他是世界上为数不多因为轰炸挽救生命的人之一。

挽救他生命的最后一个决定性人物是一位女士。阿尔多逃到那位女士家门前，敲响她家的大门，用方言请求她的帮助。这位女士家中的男丁都参加了战争，她很同情阿尔多，马上叫他进屋。为了更好地掩护阿尔多，女士扔掉了阿尔多穿的衣服，让他换上了自己丈夫的上衣和裤子。阿尔多不知道是因为自己太瘦，还是因为房子的主人太胖，总之，裤腰绕了两圈才扣上了扣子。

阿尔多说话的时候，我想立刻亲吻他。我想拥抱他，安慰他，告诉他最黑暗的时刻已经过去了，我们才刚刚开始发现世界上最美好的部分。不过，我更愿意维持自己坚强的意志力。

"我愿意一直听你说到天亮,阿尔多,不过,我是跟朋友们一起来的。"

"你明天还会跟她们一起吗?"

"差不多可以这么说。"

"那我们什么时候再见面?"

"不要问我,让命运替我们决定吧。"

命运的名字叫作卢西亚娜。我远远就看见她与阿尔多一位叫内里的朋友黏在一起,形影不离。我们的再次见面比他想的容易许多,而那缺失的一吻想必更加燃起了他的渴望——当然也燃起了我的渴望。

男人和女人一样,都有相同的需求,这没什么好羞愧的。

从那天晚上的分离到我们的初吻,中间隔了整整两个月,虽然我们每天都会相见——在大街上,在公园里,在海边,也在舞会上。

我控制着不与他接吻,而这种克制每周都会为我带来越来越多的回报。我害怕自己所有的努力都付诸东流。

阿尔多与其他女孩跳舞已经变成了遥远的回忆,他不再向任何一位围绕着他跳舞的女孩吐露心声。

丽达和卢西亚娜联合小姨莉迪亚一起来劝我,该确定关系了。阿尔多用他那张口即来的笑话,以及他彬彬有礼却不失果敢的行事风格早早征服了她们。她们担心我做得太过,错过了良缘。

我非常愿意听从她们的意见,可是面对每一次坚持,本能却总是建议我做完全相反的事。我表现得像是铁石心肠,至少在她们眼里是这样。不过,在公园里,我接受了阿尔多请我看电影的邀请。

距离电影开始还有很长一段时间,我们早早就到了。公园成为了点燃我们激情的完美帮手。我们躺在一片隐蔽的小草地上,周围环绕着雪松和七叶树,只有一条幽静偏僻的小路能够通行——这条小路恐怕只有狗和恋人知道。我们终于放弃挣扎,屈从于本能。不过,突然间,一股恶臭扑鼻而来,包裹住了正在拥抱的我们。我顿时对阿尔多产生了怀疑——他是否太放纵了?这个想法让我当场惊呆了。有那么一刻,我真的相信男人的感情不仅会以固态的形式呈现,也会以气态的形式散发出来。

同样的怀疑也从他的脑海里冒出来,于是他非常有教养地问我:"感觉还好吗?"

"我其实也想问同样的问题。"我回答他,然后从地上站起身来。

我裙子上沾的脏东西解释了我的疑问:原来感觉不好的是一堆狗屎,我们在它上面翻了个身。

"我还以为是爱,原来是狗屎。"这是我唯一能说出的话了,因为很快,歇斯底里的大笑声就将我们淹没。我们笑得一个字都说不出来,眼睛里满是眼泪,等到其中一人能控制住,又会因另一个人的一句话笑个不停。

等我回到家里后,妈妈被吓得不轻,问我去了哪里,怎么弄成这副样子。"去了粪堆里,妈妈。不过我感觉非常开心。"

第二次约会更加符合传统,不过并没有因此而变得沉闷。

我们第一次在舞会上一同登场。我身穿小姨莉迪亚的一条裙子,红得似火,还搭配了一双带网眼的手套。我非常喜欢这条裙子,以至于我不知道女孩们盯着我们看,到底是因为嫉妒这条裙子,还是因为嫉妒阿尔多。

"斯皮勒先生,您在这里做什么?"我们身后一位身材丰满的女士大喊道。

之后,这位女士恨恨地走近我们,完全忽略了我。她先是整理了阿尔多夹克的衣领,然后又理了理他衬衫的领子。从她的动作上,根本看不出她是想照顾他,还是想为他脱衣服。这种模棱两可让我非常不舒服。

经过这一番整理后,女人给了阿尔多一记响亮的耳光,并要求他解释为什么会在这里,身边还有美女相伴。

女人的声音很大，意图非常清晰：她更想要的是别人的关注，而不是阿尔多接下来不得不说的话。

没等女人开始咆哮，我已经走开了，而阿尔多也赶紧远离了那个粗鲁的女人。

"我以为是爱，原来真的是狗屎。"就在阿尔多试图抓着我的手臂让我停下来的时候，我对他说道。没等他开口，我就走出了门。

直到阿尔多最好的朋友皮诺插手，我才平静下来。

皮诺和卢西亚娜一同来到我们家，向我解释说，那个女人名叫埃尔韦拉，与阿尔多住在同一栋楼里。在遇到我之前，他们两个人之间的确发生过什么，不过也没什么特别的。阿尔多年轻，没有经验，而埃尔韦拉成熟，经验丰富。他顶多帮她搬过东西，仅此而已。

他已经有几个月没有敲她的门了，他们最多是在楼道里碰见，不过埃尔韦拉不想放弃。

阿尔多爱上了我，而我也没有理由害怕一艘经验丰富的旧船——她最多拥有航空母舰一般的屁股。皮诺愿发誓并做证，直到我相信为止。

十月就这样到了。正如我承诺的，我穿着秋天的第一件夹克，向家人公布了我的决定：我会成为一名护士。我喜欢跟人打交道，我喜欢帮助别人，我喜欢每天都有未知的事情发生。

不过，那次的耽搁也让我付出了沉重的代价。我不能在的里雅斯特的护士学校上学了，因为他们刚刚终止了报名。家庭医生向父亲推荐了戈里齐亚的专业护士寄宿学校"普罗维登修女会"。

那是一所要求极严的寄宿学校，我会在那里接受最好的教育，并进行大量相关领域的实践。我只能在每个月第二周的周六回家，周日晚上就要返回学校。学校是由修女经营的，她们同时也会培养我们的灵性。这学校对我来说，简直是一场噩梦，但是我的父母并没有给我改变主意的时间。第二天，父母就坐车去了戈里齐亚咨询，我的入学申请也马上被接受了。我有五天的时间安排一切，包括离开叔叔的公证处，与朋友们告别，以及最重要的事情——告诉阿尔多。

经历了长时间的追求和一路上各式各样的障碍，我们终于订婚了。

我不敢告诉他我们必须分开的事实，也做好了最坏的打算。谁愿意向每月只能见两次的人作出承诺呢？

我与卢西亚娜和丽达一起彩排了好几次与阿尔多的对话。她们也立刻接受了我的请求，会帮我在缺席的日子里盯紧阿尔多，确保他行事正直，不会乱来。

终于，我们的谈话开始了。不过，阿尔多让这一切变得非常容易。他恭喜我被录取，对我的选择感到非常骄傲。他对我说，我们都很棒，若是我们现在不为将来打下令自己满意的坚实基础，感情会出问题的。

为了打消我的顾虑，阿尔多还对我说，就算我留下来，他也无法经常陪我。他已经开始在的里雅斯特的新体育场工作了。这是他的第一份工作，他想要发挥自己的价值。阿尔多开始学习工程学。他虽然上不起大学，不过维托利奥在上学，他把书和笔记借给了阿尔多。到了晚上，阿尔多就会疯狂地吸收书中的知识。后来，变成了他给维托里奥解释怎样计算题目。阿尔多有一颗科学的头脑，他极度渴望找到理性的最优解，并理解其中的奥秘，不过，这丝毫没有削弱他的情感。

在我出发去学校的那天，我更加明白阿尔多有多么特别。

所有人都陪我去了车站，妈妈、爸爸、拉法、小姨莉迪亚、卢西亚娜和丽达。阿尔多也来了，但是他不能跟他们一起。母亲规定的"不能带男孩子进家门"仍然是约束我的第十一条诫令。由于母亲的缘故，我甚至没能在人群里找到阿尔多。

拉法为了帮我提行李，和我一起上了马车。我紧紧地抱着他，在他的围巾上擦了一滴眼泪，这样就不会被他们发现了。

对新生活的热情，与所有人分别的遗憾，都在我的脸上化作一抹近乎僵硬的微笑。我必须保持那愚蠢的表情，假若稍有分心，哪怕只有一秒钟，我都会哭出来，但我不想屈服。不是因为别的，只是因为我跟丽达打了个赌，赌一顿在德雷尔的晚饭。

就在火车启动的时候，我看到了阿尔多。他站在人群边缘，手里挥舞着一方大大的红色手绢。其他人都是左右挥舞手臂，而阿尔多则是上下挥舞。阿尔多凭借自己的智慧从人群中脱颖而出，直到其他人都变成遥远的小点。

坐下以后，我发现口袋里塞了一张字条。一定是拉法给我的。

如果相爱的两人认出了对方，就能永远找到彼此。
我等你，阿尔多。

人知生所，而不知死所

在寄宿学校登记时，我最担心的是，自己会不适应教会学校。我对"上帝"从来没有疑义，但对他的代理人却很质疑，就像爸爸一样。

在我们家，妈妈是虔诚的信徒。她总去做弥撒，还会带上我和哥哥。

爸爸很爱妈妈，于是也会和她一起去，只是很不情愿，嘴上总在抱怨。

妈妈为此非常生气，因为她不想让我和拉法听到他那些疯狂的理论。于是，每当平安夜或是大斋节①的周五，他们都会准时吵架。妈妈拒绝爸爸给他递火腿的请求，说："时机不对。"

"时机？让我告诉你什么叫时机。"就这样，长篇累

---

① 亦称"封斋节"，是基督教的斋戒节期。

胰的争吵开始了。

争论的对象并不怎么涉及上帝，更多是关于他的代理人。爸爸认为，这些人更忠于财神爷，而非永恒的圣父。他们是投机分子，最擅长抓住时机。因此，父亲拒绝遵从那些贪婪的谎言家强加的荒谬规章。那些人声称是以上帝的名义发言，实则在戏弄世人，他们只是为了谋求个人的私利。

在父亲看来，在纪念造物主时，重要的是你与他人分享了多少火腿，以及你是怎么挣来这些火腿的，而不是你在哪一天吃火腿。

我第一次说"爸爸是对的"时，只有7岁。就连拉法也站在他这边。那时的我们还不太懂，不过我们很清楚，这样一来，我们也能吃上火腿了。父亲说这些，并不是为了让母亲反驳他。这是选择，是只需要对上帝而非他人负责的选择。

"你觉得用火腿来贿赂他们公平吗？"

"用永生来胁迫他们更糟糕。你们的母亲有什么损失呢，孩子们？平安夜的火腿有一种特别的风味，是……思想自由的味道。"

在我们家的语境中，这句话已经变成"节日快乐"的意思了。

每当平安夜或大斋节的周五，我们在咬第一口火腿时，都会齐声重复这句话。所有人，除母亲外，她那愤怒的反应为那一口火腿增添了一种特别的风味。

精神的滋养持续冲撞着味蕾，让不喜欢不断加码，直到无法挽回的地步。

就像斋戒这件事，母亲因为我坚决拒绝而感到绝望，不过，我有自己的理论。如果我是耶稣，我情愿肚子里装满牛奶、饼干和果酱，也不愿饿得大发牢骚。我认为，吃得又多又好是尊重耶稣的一种标志。因此，每个星期天早上，我不仅要吃早餐，还要吃丰盛的早餐。

妈妈承认这场战斗我赢了，但这不是战争。

我越来越相信，食物是我最深层的动力。在圣母月时，妈妈决定利用我的这种本能。她答应我，若是我陪她去参加新安东尼教堂的平日弥撒，就给我买一个冰激凌。新安东尼教堂里有一位神父，他做的露天布道动听极了，大家对他的喜爱与日俱增，当长凳坐满后，那些虔诚的女人会搬出椅子来坐，并为教堂捐款。

我们到得晚了些，只得捐款才能坐下。冰激凌离我越来越远，这也愈发让我坚定地认可父亲的理论。

妈妈不想听到我也说这些理论，于是允许我在相应的时间里参加任何地方的弥撒，只要我能去听听上帝的教诲就可以。

对我和卢西亚娜来说，这样的时刻充满了诱惑力；我们小心翼翼地选择与母亲不同的时间出门，只是我们没有去教堂，而是来到大街上溜达。

几个"下黑手的"妇女（我们给那些坐在教堂长椅第一排的激进分子取的绰号，她们在背诵宗教信条的时候，甚至像歌剧《托斯卡》里的女演员卡拉斯一样情感丰沛，还夹杂着手势）发现我们没去教堂，就马上向妈妈告状。我遭到了最严厉的惩罚：一个月不能骑自行车，也没有糖果和冰激凌吃。妈妈下定了决心，她甚至把我们做的坏事告诉了老姑娘和所有可能给我们东西吃的人，或是可能取得我们信任的人。

父亲对此无能为力。我背叛了母亲对我的信任，我不值得他为我说情。

不过，我的反应震惊了所有人。我后悔极了，于是决定与卢西亚娜一起加入合唱团，以此来表达我们的悔意，但并没有要求妈妈减轻对我们的惩罚。

我们教区合唱团的位置在教堂上层，靠近老旧的管风琴。那架管风琴非常陈旧，上面落了厚厚一层灰尘，栏杆的扶手也是如此，从那里望去，能够看到教堂的中殿和忠实的信徒。

当唱诗班在内的所有人跪下时，我和卢西亚娜立刻抓住时机，将所有灰尘和污垢吹到楼下那些人的脑袋顶上，为我们的错误报仇。我们把这个秘密计划称作"圣器室间谍"计划，等所有灰尘都被我们吹到楼下后，我们立刻撤退了。

我相信，这个计划一定会让父亲感到骄傲。因为他经常反复说："圣器室的人，是最坏的一类人。"于是，我排除万难，跑去告诉父亲我们的计划，却被狠狠地训斥了一番。

那些"下黑手的"妇女的确有错，可我也不是无辜的。父亲还给我念了《路加福音》里的一段内容："先去掉自己眼中的梁木，然后才能看得清楚，以去掉你弟兄眼中的刺。"

直到我发誓，表示我明白了这件事带给我的教训，爸爸才向我保证对妈妈只字不提，也让我保证什么都不说。他还偷偷带我去吃了一个巨大的冰激凌。

在向爸爸倾诉完对修女学校的恐惧后，我才平静下来。爸爸告诉我，普罗维登修女为病人服务，她们非常了不起。在战争期间，她们不知疲倦地工作，挽救了无数人的生命，而且她们与那些破坏教会声誉的名利游戏毫无瓜葛。

每当我做新鲜的事情时，我总抱有充分的好奇和热情，而这一次，我同样能够拥抱它们，尽情享受这段经历。

爸爸非常清楚，对我来说，"第一次"总是那样迷人，充满吸引力。我认为这是我的性格使然。

比如，丽达就难以忍受这一点。仅是提议她做一些日常惯例之外的事，她就会立刻变得大为恐慌。事情越是不同，她越是害怕，甚至会想尽办法让其他人改变主意。

当我们提议去新的舞厅跳舞时，丽达就用扒手和打架的故事作为借口，劝说我们最好不要去。当有人提议去新开的一家餐馆吃饭时，丽达就举出她父母的朋友在那里吃到变质的鱼，导致身体不舒服的传言来回应。

当新的男孩子或女孩子加入我们，她就会引用切萨雷·龙勃罗梭①那疯狂的研究来提醒所有人：根据他们的面相，我们正在和罪犯或是疯子交往。总而言之，那些人暗藏危险。

丽达本性很真诚。她是真的能够感受到新鲜事物的威胁，恰如我害怕千篇一律和无聊单调。面对恐惧，我们都能展现出最真诚的一面。**本能不会为伪装留出任何余地，这正是我喜欢它的原因。**

出于本性，丽达无论遇到何种情况，都会设想最坏的情形。

我的天性则推动自己热情地幻想事情的每一个细节，

---

① 意大利犯罪学家、精神病学家，刑事人类学派的创始人，重视研究犯罪者的头盖骨和面相。

而不会考虑可能出现的问题。

最后，这两种极端情况都不会如期出现。

我抵达神圣的普罗维登修女会的那一次也是如此。为了不去想自己远离的一切，我将注意力放在了学习上。我不仅是一名有理想、有抱负的小护士，更像是一位有理想、有抱负的空中飞人演员——从一个秋千荡向另一个秋千，思绪也随之旋转。我紧紧抓住幻想的稻草，希望以此摆脱思念，并保持乐观。

我想象着寄宿学校的每一处细节：地板的颜色、同学的发型、手术室的气味、食堂的菜谱……希望用这个办法驱散我的恐惧。等到这种方式无法消解我的忧郁时，我又开始尝试想象那些最微不足道的细节。比如教授们的呼吸，我想象它们像一条臭烘烘的天鹅绒丝带，掉进一个没洗干净的不透明的玻璃罩中后，被葡萄的汁水浸得透湿。

或者想象肉汤的味道。那是一个能叫我发疯的谜团。谁也不知道为什么，但每一份肉汤都有它独一无二的风味。你可以用同样的西红柿、同样的橄榄油、同样的平底锅，甚至在同样的地方做菜。但是，你会发现，没有两份肉汤酱汁的味道是相同的。我想象中的寄宿学校的酱汁更偏橙色，而不是红色，略稀，带有明显的胡萝卜和马郁兰的余味。

不可想象，刚到学校的时候，我甚至没有时间去衡量我的幻想与现实之间的差距。

如果专业护士寄宿学校的意义仅存留在我的想象中，那么，我不知道我会在何种程度上重新审视自己的选择。

既然我已经来了，放弃绝非我的风格。

做事有始有终。

我向来如此。

考验我决心的并非疲劳，对人体及其组成部分的厌恶，或是缺乏家人和朋友的陪伴，而是高高在上的院长修女。

只需看上一眼，就知道她是怎样的人。她的眼神无法轻轻地移动，她只要睁开双眼，就会仔细审视周围的一切，眼皮一动，便有雷霆万钧的决断。

起初，我并没有觉察到她的严苛，只觉得她很严肃。

开学典礼上，新学生备受欢迎，这差点让我误以为自己所有的担忧都是杞人忧天。

在演讲中，院长强调了这样一个事实，即我们应该为成为这个大家庭的一员感到自豪。这个大家庭里既有修女也有平信徒[①]，她们因感动于邻里和上帝之爱而加入。接着，院长介绍了我们这些新生，邀请大家大声说出自己的

[①] 指基督教会中没有教职的一般信徒，又称为教友，意为"平民"。

名字,并吟诵《圣母颂》。

最后,院长给我们每人一个小信封,里面装着一串念珠和一封信。信是几年前一位女医生写给她的姐妹们的,目的是提醒我们来到这所学院的初衷。

我在睡前读完了这封信,为自己之前轻看了她们而羞愧不已。

如果无法跟随她们,观察她们一个又一个小时、成日成夜不懈怠的努力,是很难谈论修女护士的工作和她们的理想形象的。

她应对工作充满耐心,无论遇到何种挫折都能保持镇静,无论面对何种苦难都能忍住不适,她专注而沉默地四处行走,无论到了哪里,脸上都挂着从虔诚和爱中诞生的微笑,并为工作奉献一生。

她时刻警觉,捕捉病人眼中未能表达出的需求;她怀着一颗慈悲之心,深入最危急的情境,她总能找到安慰人的话语;当她以自身为榜样,激励和鞭策他人的事业时,我们能更真切、直接地感受到,她的工作并不孤单,在她身上和周围环绕着一种至高的存在,使所有最疲惫的工作都变得轻松和快乐。

第二天晚上,我再次感到内疚。不过,这次的原因却是我把自己想得太坏。

副院长斯宾斯阿尔玛带我们参观了学校，还向我们解释了护士学校的规则。我们首先参观了上课的教室。我们每天会上四个小时的课，学习解剖学、药理学、生理学、生物学，以及成为一名专业护士所需要的所有知识。之后，副院长带我们去了医院内部的各个病房，我们将在那里完成每天另外四个小时的实操课程。在未来的三年中，我们将完成在所有部门的轮值，从而在毕业时能够完成全部课程的学习，为将来发生的一切做好准备。

第一节课将在一天后的9点钟开始。第一天的实操课则安排在刚好20天之后。当前，首先要做的是测试我们的能力。护理工作不是每个人都能胜任的，你需要有责任感和纪律性。在护士学校，能够测试这两项素质的规则太多了。

我们每个月第二周的周末是自由的。即便如此，我们也必须获得院长修女的允许，才能在周六离开学校，并在周日下午6点前返回。

学校不允许任何外人探望，但我们每周能收发一次信件。护理病人是我们的职责，我们不允许与病人交朋友，或是接受任何形式的赠礼，甚至连一颗糖果都不能收。

早饭在7点钟供应，午饭12点，晚饭19点。我们必须在指定的地方吃饭，而且要把盘子里的所有食物吃完。如果我们上一顿剩了什么，那么就会在下一顿的盘子里发现它。每个人只能吃自己的那一份饭菜。

平日的弥撒在早上6点钟。周六和周日的弥撒在早上8点钟。不过，只要我们愿意祈祷，教堂的大门永远为我们敞开。

宵禁是晚上10点，过了这个时间，就算是祈祷也必须熄了灯默默诵读。我们每三个月会有一场考试，年终考试安排在六月份。谁要是没有通过，就会被学校开除。

如果有任何疑问，最好求助斯宾斯阿尔玛修女，而不是院长修女，因为院长忙着将女孩们培养成优秀的护士，没有时间用温和的语气和理解的态度去处理我们的疑问。

不过，回到房间后，我不得不尽力安抚我的同学，她们被斯宾斯阿尔玛修女那一趟"恐怖之旅"吓坏了。这绝对是一种测试我们的方式，目的是为了观察我们的反应。然而，这里绝对不是地狱。

可是，不一会儿，二年级和三年级的女生向我们证明了，这里远比地狱更糟糕。

院长的耳目无处不在。

虽然这所学校对修女和平教徒同时开放，但是两者的待遇却截然不同。院长对表现出色者和见习修女明显偏爱，总是安排她们避开最累人的值班和随机提问。

若要享受同样的特权，必须每天都在晨间弥撒上出现，并且表现出心灵的纯洁。若是给家人或男朋友寄信，或是收到他们的来信，那麻烦可就大了。

院长会把所有信件读一遍，如果她认为学生的行为过于放荡，就会把她的轮班全部安排在周六，让她无法在本该休息的周末回家。

我向自己保证，一定要咬紧牙关，绝不抱怨，可我也仅仅坚持到第三天。那一天，晚餐吃的是菊苣。我可以忍受三年苦涩的生活，但无法忍受嘴巴里同样苦涩。

我决定直接去找院长。在走向院长办公室的路上，我不断对自己说，我要保持冷静，不吃某种食物并没有错，而且我也不要求什么，只是简单地沟通。

我快速地敲了门，当听到第一声"进来"时，我立刻把门推开。随后，我一口气优雅地解释了他们可以不用为我提供菊苣，因为我不吃菊苣。我还补充说，我很抱歉，很感谢她的理解。我没有给她任何回答的时间，而是用最灿烂的笑容回应了她那诧异的眼神，然后迅速关上了门。我回到房间，与舍友们分享了我的胜利，浑然不知自己将为此付出惨痛的代价。我将成为那一年值晚班最多的学生。

我经常凌晨5点多才能上床睡觉，然后一直睡到最后一分钟，从而避开6点钟的弥撒。参加晨间弥撒是一种默认的义务，可是我累惨了，不得不把人之常情置于规则之上。

院长立刻注意到了我的缺席，于是派斯宾斯阿尔玛修女来找我，要求我必须参加。我礼貌地给她看了我的排班，向她说明我有睡觉的生理需求。斯宾斯阿尔玛修女的礼貌更为虚伪，她坚持强调，我只要在祈祷中祈求上帝让自己摆脱疲惫，获得放松，就能即刻受益。我承认她说得对，但仍坚持说，我认为，为了一个可怜的女学生而麻烦上帝是不合适的，特别是在我只要多睡一个小时就足以恢复精力的情况下。

我在书本和病房里投入了大量精力，这为我争取到了一定的自由：作为一名护士，我无可指摘。

但作为理发师，我还有待提升。

在老年科的实习深深地震撼了我。老年人的孤独远比重症更让我害怕。从没有任何人来看望他们，他们总要求护士帮他们刮胡须。理论上，这是不被允许的。医院里有理发师，但是他会收取五角钱，还不能赊账。

出于同情，我说服科室的一位修女破了例，但没能说服她给我一片新的剃须刀刀片。她想让我用那些早就用旧了的刀片。

第一次回的里雅斯特的时候，阿尔多陪我去买了新刀片。多亏了那么多次夜班，我逐渐成为被越来越多病人喜爱的理发师,以至于最后赢得了一个模棱两可的外号"女费加罗"①。

我学会了所有技能,除了不能喜欢病人,而病人正是我工作中最喜欢的一部分。

我还曾经偷偷给那些长期住院的病人带烟。有一个见习修女把我抓了个现行,不过,她并没有惩罚我或是给院长打小报告,而是给了我一些信,让我在下一次回家时寄出去。"有时,你更需要朋友而不是医生。"她笑着对我说。

在病房里,一切更为紧张。时间的概念不复存在,生活的节奏不再由时钟定义,而是由患者的需求决定。

校园时光飞速流逝。

实际上,直到八月份,我才回到的里雅斯特:出于这样或那样的原因,我继续轮着最糟糕的班次。斯宾斯阿尔玛修女对我说,陪她在伊松佐祈祷的女孩们有多么优秀,她们会采花,将花朵带到圣母铜像前。我认为她说的完全正确,不过我仍然小心翼翼地不去模仿她们。于是,我发现自己要值更多的晚班和周六的班了。

在那个时期,我特别能够经受考验。到了最后一年,轮到我进手术室了,这是整个寄宿学校阶段最为困难的考

---

① 歌剧《费加罗婚礼》中的男主角,是一名理发师。

验。外科医生非常直接，她们没有耐心。若是你没法快速把她们想要的工具递过去，她们会立刻往你身上扔东西。我做得非常好，为了说明我做得有多好，有一件事可以证明，院长为我安排了一台截肢手术。

看到自己手里握着一条腿——这绝对是我在学校里最糟糕的体验之一了，当然，糟糕的原因也包括我没看到任何能放腿的地方。

我问修女，有没有那种专门用来放腿和手臂的小棺材。修女诧异地看着我，就像是在看一个疯子。她们会把腿塞进下一个过世的夫人的长裙下，这样，这条腿就能有一个体面的葬礼了。不过，这是我们行业的秘密，我不能对任何人提起。

令我意想不到的是，在毕业时，院长对我的反抗给予了奖励，她很快帮我在的里雅斯特的布尔洛·加罗佛洛儿童医院的产科找了一份工作，还附上了漂亮的推荐信。

重新适应原先的生活，比适应寄宿学校要容易许多。的里雅斯特的一切几乎保持原样，那些小小的改变也不过是让生活变得更加美好。为了填补我的空缺——虽然谁也不承认，家里新添了一位客人：比罗。它是哥哥在路上捡到的一条小狗，身上点缀着棕白相间的花色。比罗的眼神里充满感激，像是汇聚了所有从人行道或阴沟里被救出的狗狗的感激，这眼神迅速征服了我们一家人。比罗很任性，它被惯坏了，它会睡在拉法的床上。周日，它甚至被允许爬到我的椅子上，在餐桌上吃饭——不过仅限于吃水果的时候。

另外一个重大的变化与拉法有关。他带回家的不仅有比罗，还有比切，一个金发碧眼、性格活泼的姑娘，我第一眼就喜欢上了她。他们在某个周日举行了婚礼，当然是在我被拒绝休假的日子里。

哥哥的婚礼对阿尔多造成了非常不好的影响，他开始越来越频繁地谈论结婚的事情。阿尔多觉得有必要带我走上祭坛，借此巩固我们之间的关系，而我则认为，在寄宿了三年后，我必须尽情享受青春。

阿尔多坚持说，一枚结婚戒指并不能阻止我参加派对，而我只是坚持说，我现在的工作还不稳定。为了争取时间，同时又不至于伤害阿尔多，我向他保证，我真的想立刻和他结婚，但是我不希望我们婚姻生活的经济来源要依赖父母。阿尔多被我的理性打动了，他同意我的想法，并立刻开始忙碌起来。他虽然在的里雅斯特工作，但他对此并不完全满意，于是他和朋友内里、鲍里斯一起寻找工作机会。

为了让阿尔多更相信我，在大街上的一家冰激凌店里，我将阿尔多介绍给了我的父母。妈妈仍然坚持她的第十一条诫令,即直到婚礼前一天,不能带男孩子回家。我们的会面非常顺利,不过阿尔多看起来很是疲累。爸爸根本不需要费心去研究他,因为丽达和卢西亚娜早就告诉了他一切,验证远比分析来得更容易。

相较于父亲与阿尔多之间的和谐关系,我的未来公公差点毁掉了我与他儿子的婚约。我对婚姻的观点一直是斯皮勒一家的日常话题。阿尔多的母亲尊重我的想法,如果说她爱我更胜过爱她的儿子,那么他的父亲则恰恰相反——他从中嗅出了一丝可疑的味道。

一天清晨,当我从布尔洛医院下了晚班,走在回家的路上时,心里总有一种奇怪的感觉,好像有人在监视我。我立刻加快脚步,从衣领上取下胸针,随时准备保护自己。可我回头一看,马上认出了倚靠在矮墙边上的帽子,那是我熟悉的帽子,我未来公公的帽子。他想查清楚我下班后都去了哪里。这种对我声誉的侮辱让我无法忍受。

尽管阿尔多和母亲艾米莉亚道歉了无数次,说他们对此毫不知情,还与阿尔多的父亲彻底划清了界限,但我还是拒绝去他们家,虽然这也意味着我放弃了他们为我准备的小牛肉配豌豆和炸薯条。

直到1954年10月5日,我才重新接受他们的邀请,一起庆祝的里雅斯特再次回到意大利的怀抱。

从那以后，一切都开始迅速变化。不过这一次，是向着更糟的方向。

盟军撤离了这座城市，从此拿破仑派对只剩下回忆了。而随着伊斯特拉半岛被划入南斯拉夫，我们也与母亲家族几代人辛勤耕耘挣来的财产永别了。

这似乎还没有结束，艾米莉亚被肿瘤击倒了。她住院了，做了一场漫长的手术。每天晚上值完班后，我都会去看望她。作为一名护士，我没有探视时长的限制，可以待到很晚。

我们聊了很久，我越来越确信，艾米莉亚的病是因为失去女儿悲痛过度导致的。她与疾病斗争着，徘徊着，一面是想和儿子阿尔多继续生活在一起，另一面是想放手去见她的女儿艾达。最后，艾米莉亚拒绝吃饭的次数越来越多，我担心她要放弃了。

我向艾米莉亚保证，我和阿尔多很快就会结婚，我也让她向我保证，会全力与疾病抗争，至少见到我披上白色婚纱。

我向母亲解释了整个事情的经过，并征求母亲的建议，询问该如何帮助艾米莉亚。母亲想了几天，她建议我向艾米莉亚展示她对我是多么的不可或缺，以此激励她活下去。

每天晚上，我都会想一个新问题，向艾米莉亚寻求答案。例如，她拿手的小牛肉的配方，如何养某种花或植物，弗留利语中某个单词的含义，怎样才能拥有一头像她那样柔软光滑的秀发……这些问题常常来自妈妈的建议。时光飞逝，夏日悄然而至，菩提树的香气从窗外飘进来，我的问题还没有问完，艾米莉亚就逐渐恢复了健康。

艾米莉亚回家后，我给她带了一束粉色的郁金香，还仔细检查了她的药物。她给我沏了一杯茶，为我端来了苹果派。这苹果派跟我妈妈做的一模一样。艾米莉亚还把她的金质胸针送给了我作为谢礼。

那阵子，阿尔多焦躁不安。我以为他是为母亲的疲惫不堪感到着急。然而，我错了。

他有两个消息要告诉我，一个好消息，一个坏消息。好消息是，他收到了一份好工作的邀请。坏消息是那份工作在澳大利亚，而他和内里要在十天后准时出发。

我以为阿尔多在开玩笑，他说的应该是奥地利。可真相是，的确是澳大利亚。他们的一个朋友已经搬过去了。那个朋友说，那里的城市很时尚，赚钱也很容易，所有人都向往幸福。

出发前三天，我们对婚礼达成了一致。不过，与往常一样，我拖延了。我同意嫁给他，并搬去与他同住，但前提是，他在袋鼠堆里生活一年后，仍然认为我是他最好的选择。

悉尼位于世界的另一端,去往那里的船既不舒服,也不便宜。如果阿尔多待在意大利或欧洲,情况将大不相同;但是在澳大利亚有太多的未知,旅途也过于漫长。

就在上船的前一天,桌子上的牌又变了。

阿尔多曾参加在罗马举行的马莱玛①公司的竞选,他通过了。没人相信阿尔多能通过,因为他没有任何人的推荐,只是提交了申请。不过,阿尔多真的很厉害,他没有让这个机会溜走。

而内里则没有通过选拔,于是,我们陪他去了港口。

当那艘巨轮的汽笛第三次响起时,阿尔多单膝跪地,取出一枚镶嵌着阿姆斯特丹钻石的漂亮戒指。天知道他珍藏这枚戒指有多久了。他眼里的闪光比颤抖的双手中紧握的那颗石头更为耀眼。

我向他伸出手,微微抬起无名指。欣赏完戴上戒指的手指后,我把他扶了起来。我们亲吻着彼此,直到日落才罢休。

黎明降临时,我们还没有回家。我们走了一整夜,还把一些秘密交给了公园保守。

---

① 意为"沿海地区",指意大利西部的大片近海沼泽地,包括托斯卡纳和拉齐奥大区的部分地区。

第二天，现实马上取代了浪漫。

阿尔多对我们的婚姻和爱情做了精彩的演说，可他更乐意在我接受求婚后再讨论具体的细节。阿尔多有一个月的时间安排换工作的事宜，还可以用一周时间选择工作地和报到。

他可以选择搬去格罗塞托[①]、奥尔贝泰洛[②]、罗马[③]或维泰博[④]。

当时，托斯卡纳仍有许多地区面临疟疾的威胁，于是阿尔多立刻排除了这些地区。最后，他选择了维泰博，因为那里的物价更低，而且如果我们不喜欢那里，还可以轻松地搬去罗马居住。

万事俱备，只欠东风。为了把这件事传达给家人，我们选择周日晚上在我们家吃饭。

母亲终于不再假装对阿尔多不上心了，为了与我未来的丈夫和公公、婆婆见面，她整整三天都在准备饭菜。阿尔多一家刚到，我的母亲和他的母亲立刻拥抱在一起，这过分亲密的拥抱即刻暴露了一个只有她们知道的秘密——这不是她们的第一次会面。

---

① 位于意大利中部的托斯卡纳大区。
② 位于托斯卡纳大区。
③ 意大利首都，位于中西部的拉齐奥大区。
④ 位于拉齐奥大区。

自从我告诉妈妈艾米莉亚的病情，说她非常悲痛且吃不下饭，妈妈就决定每天带午饭去医院看望她。妈妈知道，至少出于教养，艾米莉亚是不可能拒绝她的。于是，一段美好的友谊就此诞生，这是艾米莉亚在的里雅斯特的第一段友谊。

她们发现彼此之间有许多共同点，甚至在背后策划我们婚礼的所有细节。当婚礼的话题出现在谈判桌上时，她们便开始详细描述已经确定好的细节。

婚礼定于7月30日上午11时，在耶稣会教堂举行。

婚礼上的点心都在我们家准备。整个院子里的人，包括艾米莉亚——当然是在她条件允许的情况下——都主动提出帮忙准备婚礼的菜单。

老姑娘们早在我之前，就知道了婚礼的所有细节，她们想在小姨莉迪亚的监督下为我缝制婚纱。小姨莉迪亚则早早为我们的婚礼准备好了礼品单。最后只剩下一个问题：如果我们不事先参加为期三个月的婚前辅导，尼诺神父就拒绝主持婚礼。

母亲、艾米莉亚和小姨莉迪亚都试图说服他，但无济于事。无论是用红酒、橄榄油、鸡蛋、意大利面和奶酪来关心他，还是每次在做弥撒时留下慷慨的捐款，都无法打动他。尼诺神父还记得我小时候宁愿把硬币送给教堂外那位独腿的吉卜赛人的事，也记得年少时的我对教堂的种种议论。

家人走投无路，甚至想要直接联系主教，不过我请他们让我先去试试——反正我也没什么损失。母亲们答应了，不过并不抱任何希望。

我和尼诺神父经常吵架。他无法接受我提出的问题，不仅拒绝回答，还冲我大喊大叫。我们之间讨论最多的话题包括原罪和同居。一个刚刚出生的婴儿怎么会有罪呢？如果上帝创造了亚当和夏娃，却没有让他们结婚，那不结婚又有什么问题呢？

在圣器室里，尼诺神父看我的眼神就像看一只折磨了他一整晚，最后终于停在床头柜上的蚊子。他抓起一本书，准备给这只蚊子致命一击。为了不让我逃跑，或防止我再叮他一口，尼诺神父起初表现得很温和，并乐于倾听。他让我把整个故事又讲了一遍，仿佛他此前并没有听过至少三遍。我说话的时候，他频频点头，心里想的却是另外一件事。或许，他在试着想象当我听到他那响亮的"不"时会作出什么反应。

当那个"不"真的到来时，我并没有生气，而是满意地微笑着，点了点头，然后径直走向门口。在离开前，我没有感谢神父，因为他戏弄了我。我确定，如果我不接受婚前课程，神父就不会来主持婚礼。我对他说，我将与阿尔多在未结婚的情况下同居，而我将这一切错误通通归到尼诺神父头上。

我的舌头仿佛一根尖刺,一次次刺痛他,让他筋疲力尽。这位本教区的神父宁可打开门放我离开,也不愿再进行新的战斗了。尼诺送我出去,嘴里说着:"7月30日再见,然后再也不要见了!"

我以饱满的热情筹备着婚礼,为搬去维泰博而迅速收拾着一切,这让我没有时间停下来思考即将开始的新生活。

小姨莉迪亚每天都拖着我逛商店,挑选新家可能需要的家具、银器或各种舒适的家用设备。丽达则以让我在出发前"吃饱"为借口,把我拽到每一家糕点店、冰激凌店和小酒馆,让我吃上最后一口美味,喝上最后一口美酒,嚼上最后一口奶油,品尝最后一升靴形杯里的德雷尔啤酒。丽达把马莱玛地区与旧西部混为一谈,以为我只能在没有暖气和自来水的房子里喝菜汤,嚼干豆子果腹。夸大我们之间的差异,是我们最爱的游戏,这也帮助我消除了担忧。

直到向布尔洛·加罗佛洛医院提交辞呈时,我才真正感到害怕。离开这样一种接近完美的生活,我怎么知道以后会不会后悔现在的选择?我们有爱情,可这足以抵消亲情和友情的缺失吗?

阿尔多离开去签合同了,这也让我找到了答案。我思念他,他仿佛把我的呼吸都带走了。这种空虚是的里雅斯特都无法填补的。

丽达为了帮我，从图书馆里找来一些关于维泰博的书，她告诉我那里一定有趣极了，让我放宽心。那里有一座步行能抵达的钟楼，周围全是伊特鲁里亚人的坟墓，我们以后可以找一天一起去。卢西亚娜则更现实，她安慰并提醒我说，因为我父亲是一名铁路工人，所以我可以免费坐火车，因此想回来的时候随时都可以回来。

那天下午，我明白我不能从她们当中选择一个作为我的证婚人，但我又不想让她们任何一个难过，于是我找了我的哥哥。阿尔多一定会为我感到骄傲，但是我必须再等十天才能告诉他。

阿尔多本应该在维泰博待两周，这样他也有时间找房子。但命运打乱了他的计划，我们不得不给他发去电报。

艾米莉亚的病魔赢了。那天晚上，在临睡之前，艾米莉亚状态都还不错，可她再也没有醒来。

我感到极度内疚，因为我拖了这么久才结婚；我也很生气，因为艾米莉亚没能遵守承诺，和我们一起生活。最后，我感觉自己愚蠢至极。我明知她的病情，却自欺欺人期望她能康复，也不愿接受现实，做最坏的准备。

直到阿尔多下了火车，我才止住了眼泪。我将泪水化作爱抚，守护在阿尔多身边。他才是那个需要安慰的人：我知道，只要他需要安慰，我就是他可以倚靠的肩膀，这也让一切变得更加容易。

我们的家人坚持婚礼如期举行。

庆祝活动可以推迟,但是仪式不能改期。这也是艾米莉亚的期望。

他们说得没错。那一声久违的"我愿意",让所有人的脸颊上荡漾起了微笑。

当悲剧袭来,崩溃远比重新站起来容易得多,可若有家人的爱和支持,一切皆有了可能。

倘若孤身一人,我们必定难以为继。但团结一心,结果不言而喻。

起初,人们彼此依偎,靠在他人的肩头流下热泪。我们被自己和他人那痛彻心扉的哭泣深深刺痛。后来,有人停下了哭声;有人默默地将自己封闭;有人发泄,向所有人倾倒他的怒火。最后,沉默和愤怒交替出现,像是突然着了魔法,有人放声大笑。所有人都跟着笑起来,谁都停不下来。**在那样的时刻,大笑的原因已经不重要了,重要的是知道我们还有笑的能力。**

在我们的婚礼上,激发出这种大笑的责任落到了那本"小红书"身上。那是尼诺神父亲自编辑的红皮小书,书里罗列了一个好女人在家庭生活中应该承担的责任。绝对的服从、侍奉丈夫,放弃一切个人追求……这绝对是我心中的人间地狱。

在启程前往阿巴诺温泉度蜜月之前,我们先切了蛋糕,然后,我和阿尔多一起大声朗读了这本小书。

我们甚至没等到咖啡上桌。

我们只有一周时间来摆脱对过去的消极想法和对未来的担忧,我们一分钟都没有浪费。

新的生活

初到维泰博，我怀疑自己来时坐的不是火车，而是时光机。

阿尔多事先郑重提醒过我，说我将会面对与的里雅斯特截然不同的生活，但令我没想到的是，现实竟然如此大相径庭。

阿尔多还让我考虑这座海滨城市的另外一个特点：维泰博与其说是一座城市，不如说是一座大村庄。阿尔多说完，立刻试图补救，他补充说："当然，这是一座十分美丽的大村庄，有着全世界最瑰丽的日落。"他不停地说着那些日落……在维泰博那短短的几天里，他什么都没做，只是告诉所有人那里的日落有多么美丽，他从未见过这么美丽的日落。

阿尔多对我说，图西亚——我那时甚至不知道维泰博还有这样的别称——的日落与其他任何地方的都不同。虽然全世界的太阳都会落山,但那里的日落却蕴含着某种神奇的东西。图西亚的日落充溢在整片天空中,像是最娴熟的画家将无尽的色彩泼洒于天空之上。浓烈的红色弥漫得无边无际,天空仿佛着了火。可刹那间,红色骤然撕裂,将主动权交给粉红色,叫人惊叹不已。接着是橙色,然后是紫罗兰色。最后,天色变成了夜晚的深蓝色,无数繁星点缀其间,仿佛在海中航行的水手。

我们抵达时,已经是晚上了,我们下车后的第一件事就是抬起脑袋,仰望星空。临走时,拉法与我拥抱,又往我的口袋里塞了一张字条。

在游子的天空下,除繁星外,一切丝毫未变。 别担心,莉西亚。

拉法

就像阿尔多说的,天空的颜色十分浓烈。蓝得似海洋,缀满了点点繁星,活像被丽达磨碎的干酪。我笑了。我想到了艾米莉亚。这时,我才注意到手里只拎了一个手提箱。

我立刻回过神来,回到现实中,马上向后奔去。好在这是终点站,火车上空无一人,另外两只手提箱还在车厢里静静地等着我。我与阿尔多就行李的问题讨论过很多次。因为我父亲是铁路工人，他可以负责运送装着所有必需品的大行李箱，从各类衣物到结婚礼物等。我们只带一些必需品出发，之后每天会收到一部分行李。阿尔多成功把他所有物品打包进了一个中号的手提箱和一个公文包里。我有两个最大号的行李箱，这是小姨莉迪亚在的里雅斯特能找到的最大的箱子。除此之外，我还有一个小一些的手提箱用来装食物。除此之外就没别的了。过油的茄子等各类蔬菜、果酱，妈妈做的榛子果仁糖，还有一些腊肠，最多再有一些垫圈和一个钳子，这些是旅途中和最初几天生活的必需品。阿尔多说我的东西太多、太夸张了，可我向他保证，我会亲自搬运行李，叫他放心。而且，这样一来，我们在火车上就不会挨饿了。我还非常大度地允许他无论想吃什么，都可以放开肚皮吃。他笑着同意了。我当时很确定他在开玩笑。不过，事实却是，他在旅途中不仅吃得比我更多，而且到了车站后仍然信守承诺，只搬运自己的行李。

虽然时间已经很晚了，但是阿尔多在马莱玛公司的同事昆托还是来接我们了。昆托在知道艾米莉亚过世后，就将阿尔多置于他的羽翼保护之下了。

昆托提议，让阿尔多搬到他现在租住的公寓里。昆托很早之前就想换房子了，如此一来，他就不能再允许自己拖延了。或者，这只不过是他编造的借口罢了。事实是，昆托想帮助阿尔多，但又不想显得是在炫耀。昆托总把他的好意归结为天意，然后尴尬一笑。昆托出身于一个贫苦家庭，家里人口众多，有十个孩子，名字都是严格按照出生顺序取的。因为战争引发的可怕饥荒，他们家的孩子大多在修道院或是神学院长大。昆托的所有姐妹，包括老三特西利亚、老六塞斯塔、老八奥塔维亚和老幺菲尼莫拉[①]都成了修女。由于老大普里莫、老二塞孔多和老四夸尔托[②]也披上了天主教的长袍，老五昆托得以在教士们的帮扶下自由选择学习的内容，最终成了一名测量员。昆托感激于此，现在仍会在教堂、祈祷室或是有神职人员的地方做各种小活计。

当阿尔多向我介绍他的时候，昆托摘下帽子以示尊重，他和我握手时垂着目光，手也只是虚握着我的手指尖。"请让我帮您拿行李吧，女士？"

这些形式主义的虚礼让我感觉很不舒服。他不是单纯的有教养，更像是对我很恭敬，但我不明白这是为什么。于是，我反其道而行之，走到他身边，亲切地在他脸颊上亲吻了两次。可是他却缩在那件大了至少三码的雨衣里，活像一只乌龟。

[①] 名字均为意大利语中数字的音译。
[②] 名字均为意大利语中数字的音译。

昆托的个头比我矮一个手掌，比阿尔多矮两个手掌。他还试图将那抹得油光锃亮的头发竖起来，以瞒过众人的眼睛。他让我感到同情。

为了打破尴尬，我立刻明确表示，他必须用"你"来称呼我，阿尔多的朋友就是我的朋友。我接受了他的帮忙。在走回公寓的路上，我问昆托住在维泰博的感受。

"莉西亚，我该怎么跟你说呢？维泰博是一座教皇城。这里不太好，也不太坏。不过，你一定会喜欢上它的。"

那座房子位于圣福斯蒂诺区，在历史区的正中心，距离火车站只有几分钟的路程。我第一次见到包围城市历史区的古老城墙时，深受震撼。城墙高耸入云，宏伟典雅，望不到边际，城垛宛若童话故事里的城堡。一路上，昆托担当起了我们的导游。他告诉我，维泰博是整个欧洲面积最大的中世纪街区，被保存完好的城墙环绕。昆托面带自豪地向我透露，历史上最伟大的那些人物——伊特鲁利亚人、教皇、腓特烈二世、加里波第都曾经踏足过此地，甚至著名导演费德里科·费里尼还在这里拍摄过电影《浪荡儿》。

第二天一早，所有居民都知道来了一位"外乡女人"。

我初到维泰博的日子过得并不顺利。昆托转租给我们的房子归一位侯爵所有，可房子里没有一丝一毫高贵的气息。这时，我才不得不同意丽达的看法：维泰博看上去与蛮荒的西部毫无二致。用来取暖的只有一个旧炉子，而且电力系统太过老旧，根本没法使用家用电器。玻璃薄得像一层薄纸，街上的每一分噪音都能清清楚楚地传进来。我们没办法，只得把所有物件修理一遍，还需要再买个热水器。

第二天，我第一次把周围的街区转了一圈，转完后，我真想立刻跳上第一班火车回家。我垂头丧气的样子活像一棵垂柳。

所有人都用不信任和好奇的眼神打量着我，若是对上我的眼神，他们就会立刻把目光移开，或是完全忽略我的眼神。阿尔多十分确定地告诉我，我是把整座城市转了一圈，而不是一个街区。我觉得这里的一切都荒谬至极。这里的教堂比时装店都要多，这让我没法安心。

在种种不适中，最让我吃惊的是一位先生竟然在喷泉里给他的驴子洗澡和梳毛。我简直不敢相信，因为在的里雅斯特，这种行径完全无法想象，肯定是个天大的笑话。

这个洗驴子的农夫看得我目瞪口呆。他甚至把一桶水泼在了我的脚上，就泼在我去阿巴诺度蜜月时新买的红色凉鞋上。那个乡下人只是笑笑，连一句抱歉的话都没说，实在让我很无语。

面包店里的情形也好不到哪里去。昆托的教养似乎是个例外。因为当时至少有四个女士插队走到我身前，她们用手肘把我推开，嘴里大喊着："对不切（起）您嘞！"不过，面包师没有怠慢我，他招呼我说："女士，您前里来，要不脑壳子要起包呢。"就像我外祖父说的，很明显，这地方没有出现过弗兰茨·约瑟夫一世[①]这一号人物。

因为早上的糟心事，我的鞋底还是湿乎乎的，搞得我有些心不在焉，最后不小心把一只鞋的鞋跟踩进了维泰博四处可见的鹅卵石路面里，我的这只红色凉鞋就此香消玉殒。我回家时，脚上只穿着一只凉鞋，而且至少走错了六次，才最终拐进了正确的小巷子里。这是一座美丽的中世纪古城，可看在上帝的分儿上，对我这样一个缺乏方向感的人来说，这里到处都长得太像了。

为了安慰自己，我关上门后，立刻拿出妈妈从储藏室里取出的腊肠。我把腊肠切成薄片，夹在两片刚切好的面包中间，像往常一样，馅料至少是面包的两倍高。就像我父亲说的："要是你只能吃面包和舌头，那还不如不吃。"

可是，我一口一口嚼着食物，似乎有哪里不对劲。我单独咬了一口腊肠，才发觉腊肠从未如此好吃过，它有一

[①] 奥地利和奥匈帝国皇帝，会说多种语言。

种家的味道。我又单独咬了一口面包，白眼差点儿翻上天，简直无法忍受。连面包师都骗我，他给我的是个坏面包，里面根本没放盐。

当我跟丈夫抱怨这一切的时候，昆托刚好来敲门。他来是为了和阿尔多一起去车站，取父亲从的里雅斯特寄来的第一批大件行李。

昆托手里还提着两个别的箱子，里面满满当当装着本地特产和乡间种的蔬菜。这是昆托从一个哥哥那里拿来的，他让我们放心，说神父总有好东西。我们邀请他留下来一起吃晚饭，品尝上帝的好东西。

吃完晚饭，前一天的尴尬也变成了遥远的记忆。我们喝了两瓶昆托带来的葡萄酒，当然，只能用咖啡杯喝了，因为酒杯还没寄到。爸爸最先带给我们的是收音机，在我孤独时，它可以陪在我身边。爸爸还在行李箱里放了一些罗丝玛丽·克鲁尼的新唱片。在《意大利曼波》的旋律中，阿尔多坚决拔掉了我们身上的"刹车片"，提议喝两圈烈酒。这酒是放在他随身携带的手提箱里，作为"必需品"带来的。

喝到第二杯时，昆托整张脸都红了，他像个疯子一样大笑，说我们的里雅斯特人都是"强大的怪人"，他还从没见过哪个妇女像我这样喝酒。另外，他还发现了一件特别的事，那就是我想立刻找一份工作，而不是做一名优秀的家庭主妇。

　　他说这些话并没有恶意，只是因为看到我与他们城市里的人不同，所以感到由衷的震惊。不过，那一天我着实经历了种种糟糕的事：有弄湿我鞋子的大老粗，有插队跑到我前面的妇女，还有那个欺骗我的面包师，以至于我把所有的愤怒都倾泄在了昆托身上。等我怒吼完，昆托一言不发地站了起来，从他带来的篮子里拿出一瓶橄榄油和野猪肉做的干腊肠。他切了两片面包：一片上面涂上橄榄油，撒上盐，另一片放了腊肠，然后递给我，让我尝尝。我狼吞虎咽般将它们一扫而光。

　　橄榄油那深绿的颜色点燃了我的味蕾，而且它的味道是那样浓郁，当我咽下时，它仿佛在摩擦我的喉咙。腊肠里加了各种香料和大量茴香，美味极了。

　　在我露出欣喜的表情后，昆托立刻向我解释，自伊特鲁利亚时代以来，维泰博的面包就已经变得索然无味了，这是因为图西亚的一切都是那样美味，如果让面包的味道太过突出，实在可惜。原来，从没有人欺骗过我。如果我想要过得舒服，必须先亲近这座城市。

　　"那句话怎么说来着，莉西亚？生活是一面镜子，只有你对它笑，它才会对你笑。"

　　昆托说得没错，不过，在讨论中放弃最后的决定权对我来说绝不可能。于是，我回答说，面包师应该提醒我面包里没有加盐。如果用的里雅斯特的面包,会让橄榄油和腊肠的味道更好。

昆托也同意我的说法,他用一只拳头重重地捶着桌子。我挑出了两个地区最好的食物——我们老家的咸面包和当地的橄榄油和腊肠——我把它们组合在一起,创造出了更美味的食物。这也就是说,人们必须学会面对搬家、变化和新事物。

昆托拥抱了我,并向我道歉,因为他说我是"怪人",不过我误解了他的意思。昆托重申,我与他认识的女性完全不同,但他从不认为这是一种缺陷、问题或消极的一面。这全然是两件事。

这是我与喝醉的昆托的第一次讨论,此后,我们多次在这样的场景下畅聊:在酒量好的阿尔多的注视下,我们最后都以大大的拥抱结束。

在维泰博的第一个月,阿尔多受到了所有同事的喜爱,赢得了尊重和爱戴。

在最后一趟搬运行李时,阿尔多的同事都来到我们家帮忙。他们还帮着修好了电路系统,重新刷了墙,让房子住起来更加舒心。

然而,这一切努力不仅没有让我平静下来,反而让我更加焦虑。从家里运来的每一件物什,每一间变得更舒适的屋子,无时无刻不在提醒我,我的生活在别处。我与所爱的一切、让我幸福的一切是那样遥远。这个想法让我很不舒服。

我仍然没有朋友能够宣泄负面情绪，甚至无法与人诉说自己空虚的日常生活，而当我打开收音机，想要掩盖这不习惯的寂静时，邻居却要求我停止制造噪音。

阿尔多整天在外工作，我头一次感受到了孤独。他的团队在佩夏罗马纳工作，那是一个小小的乡村中心地带，分布在拉齐奥和托斯卡纳边界的马莱玛沼泽地中。在那里，战争残留的痕迹依旧十分明显：流离失所的家庭以当地的堡垒和城堡为家，大大的房间里挂着床单，以此划定彼此的界线。他们不得不重建，更准确地说是建造一切：水坝、道路、下水道、住房……

阿尔多第一次带我去那里是八月底。他想尽办法给我一点震撼，事实证明，效果相当好。

这趟旅行的起点是穿越马莱玛的田野。阿尔多非常高兴，因为我没有表现出挑剔的态度。我跟着外祖父母在农村长大，我从不认为农村能成为独具魅力的旅游胜地。可来到了马莱玛后，我不得不改变这一想法。

马莱玛的风景并不像弗留利的土地那样平坦、单调和有秩序。它总能让你始料不及。丘陵一座连着一座，在你最意想不到的地方开个豁口，宛若舞台上被拉开的幕布，将城堡、伊特鲁利亚墓地、罗马的街道和大海一一呈现在舞台上。每座山丘顶上都高高地生长着几棵孤零零的参天大树，仿佛在守护几个世纪以来的历史，为一切平添了许多神奇的色彩。这幅景象让人的呼吸都凝滞了。

正是在一棵孤独的橡树树荫下，阿尔多把我介绍给了奥托内。

阿尔多早就向我透露，他要带我去见一个特别的人，我根本猜不到这个人是做什么工作的，阿尔多不会给我任何线索，不过我可以随便猜，想猜多少次就猜多少次。我们玩这个游戏玩了一路。我试着猜了至少100次，但是一次都没有猜对过。野猪训练师、香肠调味师、射箭教练、纳粹猎人、诗琴演奏师……

奥托内是一名棍卜术士，他能用一根Y形木棍找到地下水。根据木棍的震动，他能判断地下水流的深度和水量，一百次中能有九十九次算对，这让阿尔多叹为观止。

除了能找水流，奥托内还能找到伊特鲁里亚人的坟墓，甚至他更擅长做这个，并由此得了一个绰号——"最后的伊特鲁里亚人"。

奥托内最近刚发现了一座坟墓，大抵是某个勇士的坟茔，因为他的墓里放着大量武器。这个发现十分具有诱惑力。奥托内邀请我们跟他一起参观墓穴。他手里拿着一个火把，向我们展示埋藏其中的宝藏。我甚至感觉自己恍若走进了电影里。

从墓穴中出来，一幅更为摄人心魄的壮丽景象铺陈在眼前，让我永远地爱上了马莱玛。太阳刚要落山，它是那样的美丽和明亮，阿尔多的话语根本无法描述分毫。奥托内用一个传说解释了为什么大自然的美景如此壮丽：这是因为伊特鲁里亚人每天晚上都在天空中作画，向他们的土地问好和致敬。

赶在太阳落山之前，阿尔多快跑起来，带我赶到了不远处的一处海滩。阿尔多已经和几个当地人交上了朋友，并借了他们的一间海滨小屋来过夜。

阿尔多知道，大海能够疗愈我，而这里的大海是我从未见过的。我习惯了亚得里亚的海岸，却从未领略过太阳沉入波涛中的美景：那团火球缓缓落下，为整片天空染上了千般色彩，仿佛也抚慰了我的心灵。

他拥抱我，亲吻我，我们爱抚彼此，柔情似水。

当晚，我们聊了很多，身体则蜷缩在火炉旁，免得着了沙子里渗出的湿气。

阿尔多想要让我相信，图西亚也是个不错的地方，于是建议我数一数让我们开心的点点滴滴。除了靠近海边，能观赏壮丽的落日，我几乎列举了所有能吃的食物：橄榄油、烤乳猪、野猪肉腊肠、薄底比萨、奶酪……

之后，我用自己的方式改变了游戏规则，开始列举那些让我感觉不好的东西：没有一份让我有成就感的工作，缺乏家人和老朋友的陪伴，找不到能让我大买特买的时装店，这里的人狭隘短浅，我在他们眼里仿佛是从火星上来的……

阿尔多耐心地听完，他十分理解我的感受。他认为我的大部分不适是能够解决的。我可以找到一份新工作；去罗马逛意大利最有名气的商店；邀请亲戚朋友来家里做客，就住在他专门空出的客房里；我还可以抱着积极的心态探索新的地方，将注意力放在我喜欢的事情上，而不是令我不舒服的事情上。

阿尔多甚至鼓起勇气聊起了孩子。在此之前，我们从未直面过这个话题，也许是因为每次他暗示我，我都会岔开话题。自艾米莉亚去世后，阿尔多经常迂回谈及这个主题，我对此并不惊讶，因为用新的生命来回应死亡是人类常有的保护机制。

阿尔多甚至想立刻要孩子。他对我说，对他的继承人来说，我是一位完美的母亲。他有一份高薪工作，我们还可以获得我的父母和外祖父母的帮助——甚至都不需要我们提要求，他们就能帮助我们过上更好的生活，一种超出我们想象的美好生活。

可我还没有做好准备，至少在我们刚刚开始新生活的时候。我不排斥有一天成为一位母亲，但是我不想做一位"专职"母亲。我学习过，而且学了很多。我想向自己证明，**一个女人既可以是一位好母亲，同时又能不放弃自己的理想抱负。**

阿尔多回答我说，只要我不抛弃他，一切都好说。那一刻，我是那样爱他。我相信，我们的灵魂是历史上最完美契合的一对。他只让我赢得重要的战斗，当我耍脾气时，他对我放任自流。但是，当涉及重要的决定时，他绝不会服从。谁也没法影响他。他每件事都会认真仔细地思考和反思，他理性的头脑叫我着迷。他让我相信，只有我们能决定自己的幸福，而我们什么也不会缺。

那天晚上，在从海边回去的路上，阿尔多的衣服搭在他的肩膀上，上面满是盐分，从他身上仍能闻到地中海灌木丛的味道。阿尔多说出了他正在为我准备的惊喜：下一周，丽达会来与我们一同庆祝守护神节。

丽达来的时候，情况已经大为好转。多亏了那个夏天，还有那个海滨之夜，我开始喜欢上了图西亚。这里很不错，一切都触手可及，大海、湖泊、丘陵、罗马……

下班后和周末的时候，昆托常常开车带我们去新的地方转一转，比如波马索的"怪物公园"、垂死之城、白露里治奥古城、维科湖和博尔塞纳湖。我最喜欢的是博尔塞纳湖，它是欧洲最大的火山湖。昆托也十分喜欢博尔塞纳湖。对昆托来说，这片小小的土地上的一切事物都是一项世界纪录。假若你妄想反驳他，他会生气地回答你，滔滔不绝地列举历史证据和科学证明来支持他的观点。令昆托痛苦的地方在于，无人知晓那片美丽的土地，也没人知道它的传奇历史。

最令昆托心神荡漾的是9月3日晚上，圣罗莎节期间的维泰博拥有最美的夜晚。为了庆祝这位守护神的节日，80名身穿白衣、腰系红带的男子抬着"装置"，即一座比房屋还高的发光高塔，穿过漆黑的市内中世纪街道。这是绝无仅有的景观。

昆托为我、阿尔多和丽达的第一次圣罗莎节选了一个好位置，就在他的小妹妹菲尼莫拉的修道院里。菲尼莫拉之所以取这个名字，是因为父母希望她是最后一个孩子。从修道院里能看到巨塔游行的最后一段，即追溯圣人遗体从第一次埋葬到献身教堂的旅程。

圣殿位于一座陡坡的顶端，脚夫们需要肩扛千钧重负跑到山顶上。丽达紧紧抓着我的手，生怕脚夫失去平衡，导致黑暗中的巨塔不慎落入人群中。

等巨塔被安放到台子上，街道上顿时响起庆祝的欢呼声，以及掌声，还有一声声"圣罗莎万岁"的唱和声。我们无不为之动容。

从那时起，圣罗莎节也成为我们的传统节日。我们整个八月份都在的里雅斯特度过，一到九月份就返回维泰博，就是为了感受节日的气氛。我们总会带上家人和朋友一起回去，共同享受那绝妙的体验。

哥哥拉法第一次来的那个夜晚，天空清朗，满天繁星。我们借此机会对他说，那繁星是多么美丽，除此之外，其他的丝毫未变，如他料想的一样。

那天晚上，我格外高兴，因为过不了几个星期，我就能重新开始工作了。

在这一年里，我无所事事，只能靠周六的罗马旅行以及西斯蒂纳剧院的演出打发时间。于是，我找了两份工作，一份在韦基奥医院，另一份在恩帕斯——这是一家为公共雇员提供卫生服务的公司。

我选择了后者。因为我知道韦基奥医院与布尔洛·加罗佛洛儿童医院大不相同，而我不想去适应。事实证明，我的选择是正确的。在恩帕斯，我接触到了许多人，那里的生活从未让我感到无聊。我的同事成为我的朋友，她们带我发现了维泰博完全不同的一面，我对此深怀感激。恩帕斯同样会举行派对，只是大多在别墅里举办，而且邀请通常是严格保密的。

我面带微笑去上班，而且经常是在前一天晚上刚参加完聚会，在办公室里匆匆洗漱完，就为了能睡到最后一分钟。狂欢节时，图西亚则大不相同：在维科湖沿岸的村庄里，人们对这一节日有着狂热的喜爱，他们白天会组织花车游行，晚宴和派对则一直庆祝到黎明才会停歇。我又有女伴陪同前往了，这让我十分开心。

有一次，我带阿尔多一同参加了同事的晚餐聚会，自此之后，先前那些总是独自出席的同事也纷纷偕爱人到场。渐渐地，我们一起去旅行，一起吃午饭，再也不会感觉陌生了——至少，不完全陌生。

真正的友谊诞生于学生时代的课桌上，或是孩提时代的游戏中。其他人更像是熟人，他们不让你感到孤单，但你又对他们不完全了解。在他们眼中，我依旧是那个怪人。"你当然很奇怪，姑娘。"他们经常这么对我说。

我30岁出头，在那个年代像我这个年龄还没有生育的女性，要么是修女，要么是老处女，要么没有生育能力。

一个女人活着的主要意义便是做母亲，所有男人和女人都认同这一点。如果我试着辩解说，我想要首先实现作为女性的价值，他们就会像看异教徒一样看我。我学会了消解那些盯在我身上的目光，并且很同情他们的思维如此局限。

只有一次我发了脾气。那一次，我和阿尔多一起去海滩，我身穿一件漂亮的红色比基尼，那是小姨莉迪亚送给我的礼物。那件衣服非常适合我，我还让阿尔多带上了他父亲圣诞节时送给他的相机。在艾米莉亚去世后，阿尔多的父亲迎来了第二春：他搬到了奥地利，与一位维也纳小姐订了婚，那位小姐甚至比我还小了5岁多。他们从来没有给阿尔多打过电话，可每当他父亲产生内疚感时，总会寄给阿尔多一些昂贵的礼物。阿尔多宁可让它们放坏了也不愿意使用这些礼物，但是我说服了他，至少要好好享受一番。

那天的海滩上人山人海，我感觉所有人的目光都落在了我身上。我是唯一一个身穿比基尼的人，显然，闲言碎语比风沙飞得更快。阿尔多建议我穿上外套，而我则竖起双手的中指，转起了圈，然后摆出了拍照的姿势。

我为自己感到自豪，我为自己感到骄傲，我对爱我的那个人有信心。任何陌生人的流言都无法撼动我的安全。我是一个实现了自我的女性。

阿尔多在职业上的发展速度比预想的快很多；他甚至获得了一些奖和奖状。回到家时，阿尔多虽然很累，但很满足。

阿尔多懂得如何让别人遵守规则，同时让自己广受欢迎。他有威望却不专断，他让人尊敬，能成为工作之外的朋友，也是建筑工地上的领头人。

阿尔多很幸福，因为他信守诺言，让我过上了好的生活，还给我买了卡迪牌①半自动洗衣机，这是当时最早的半自动洗衣机之一，算得上货真价实的奢侈品了。可我却为拥有它而感到羞愧，以至于没有向任何一位同事透露过这件事。

我们虽然都做出了一些小小的牺牲，但是我们并肩作战，买了家里的第一辆车。那是一辆红色的"王妃"车②，车上带有电子管收音机，我一有空就收听。

去海边时，我总是喜欢自己开车。无论在哪个季节，开车穿越马莱玛地区都不会让我感到无聊；每走一段，那些早已熟悉的山丘轮廓就变换一次颜色，令我心醉神迷。我把收音机的音量调到最大，行驶在连绵不绝的色块间，让我升起一种无限愉悦的自由感。浓厚的乡村气息吹进摇下的玻璃窗里，我鼓起胸口，畅快地呼吸着。

那一年出了一首新歌，阿尔多发疯地爱上了它，那是米娜③的《房间里的天空》。每当歌声响起，他就会跟着大声歌唱。海边的小木屋刚接通无线电，阿尔多就带我去了。但不久以后，小木屋就被拆掉了，建成了一个游泳

---

① 意大利的国际专业电器制造商。
② 汽车厂商阿尔法·罗密欧和雷诺共同生产的轿车。
③ 原名米娜·安娜·玛丽亚·马齐尼，意大利国宝级传奇歌手，流行乐坛女神。

池。阿尔多希望我们至少能在这里度过一个晚上。我们在歌声结束后才下车，而阿尔多一直哼唱着最后几句歌词，直到太阳落山。

那天晚上，伊特鲁里亚人超越了自己：他们将天空画成了一片玫瑰色，宛若置身天堂之中。满天繁星充满了魔力，阿尔多柔情似水，让这美景更加完美。黎明来临时，我们祈祷上天能为我们再多留出几个小时的黑暗，让我们再温存一会儿。那一晚，我们完全放开了，我们想要庆祝生活。我们做得非常好。一个月后，我们收到确切的消息：一个全新的生命将于八个月后与我们相见。

消息传到的里雅斯特后，大家伙儿集体动身来探望我们。

我的父母给我们提了个建议。他们非常担心我和阿尔多，因为我们独自在维泰博生活，还带着即将出生的孩子。他们想住得离我们近一些。爸爸即将退休，他一度想要回到他的家乡，而妈妈却非常想念我，只希望马上搬来和我们一起住。

他们深知，年轻夫妇和岳父岳母一同生活非常不易，于是他们想要帮我们买一套更大的新房子，这样我们就能在一家人的支持下开始新的生活了。

阿尔多特别感动，紧紧握着我的手，将我的手放在仍十分平坦的肚子上。阿尔多十分感谢我父母的慷慨，他接受了，不过有一个条件，即房子的大部分资金由他来出。他非常高兴岳父和岳母能像自己的父母一样，但是现在他也是一家之主了，他想要发挥自己的价值。

事情安排妥当，我可以安心了。我不必辞去工作，因为母亲会帮我。只是孩子生下以后就把他丢给保姆，这不是我的做派。孩子生下来后，需要被好好抚养长大，母亲应该给予他所有，甚至这还不够。最重要的是，孩子需要母亲的爱和陪伴。

米拉，也就是帮助我降临到这个世界的接生婆，一定会非常欣赏阿尔多。因为在1961年3月4日，当诊所的助产士宣布我们的女儿出生时，阿尔多欣喜若狂。我们希望是个女孩，而且我们早就知道是个女儿。那时候，还没有任何检测能提前知道孩子的性别，但是受孕那天晚上的玫瑰色天空一定有所影响。我们非常确定是女孩，以至于我们都没有挑选一个男孩的名字。"玛丽娜"这个名字也是我们考虑了很长时间，才最终达成一致的。

阿尔多提议给孩子取我外祖母的名字帕尔玛，或者叫他妹妹的名字艾达，但我不同意。孩子是一个新的生命，为什么要沿用去世的人的名字？我们需要向前看，只需传承先人们留给我们的那些最宝贵的教导即可。

当我第一次抱起玛丽娜时，我坚信我这一生中从未遇到过如此美丽的事物。我不知道天使是什么样子，但是我很笃定，天使就是玛丽娜的样子。

玛丽娜出生时，我们已经搬离侯爵公寓几个月了。

我们的新房子就在城墙外，是阿尔多和一家康采恩企业集团共建的。那栋小楼共有八间公寓，带有一个面积很大的公共花园，我们住在一层。一间房子留给我们，一间留给玛丽娜，另一间留给爸爸和妈妈。爸爸在维泰博和的里雅斯特间多次往返，就为了能看看他的小外孙女。对他们来说，玛丽娜不是一位公主，而是一道神谕。

和妈妈一起住的日子比想象中好得多；妈妈根本闲不住，当我或阿尔多带玛丽娜的时候，她就会做饭、绣花、缝纫，把屋子打扫得干净明亮。

玛丽娜非常喜欢我的父亲。我甚至有些嫉妒他们的关系。她的外祖父母总有办法让她更喜欢他们。

玛丽娜过生日的时候，妈妈总会准备比她个头还要大的蛋糕，还让她满屋子找五颜六色的礼物，然后拆开。而父亲为了能让的里雅斯特的礼物准时到达，急得像热锅上的蚂蚁，跑遍了全城，为玛丽娜找卡片、弓箭和徽章。

父亲退休后，搬来和我们一起住，这时候，玛丽娜成了全世界最幸福的小女孩。爸爸完全听他外孙女的摆布，对她百依百顺。从学校回来后，父亲总带她去公园的小火车上转一圈，然后给她买冰激凌，玛丽娜甚至比我还爱吃。有一次散步的时候，玛丽娜突然挣开手，跑到一家摄影馆里摆起了姿势。她的外祖父没办法,只好像平时一样打开了钱包。她人虽然小,头脑却很机灵。

我和母亲都不让她把头发剪短,于是玛丽娜把我父亲带去了理发店,父亲允许她剪短头发。可当她看到自己漂亮的金色头发散落一地,就开始哭了起来,哭了一个星期。

还有一次,玛丽娜过生日。她在维泰博和的里雅斯特的朋友已经送了她许多礼物,于是她的外祖父实在想不出买什么礼物,就给了她一万里拉作为生日礼物。玛丽娜顿时哭了,说钱不算真正的礼物,拖着外祖父给她买了一双鞋。当然,她没有把剩下的钱还回去。

每个星期天,我和阿尔多都会陪她一整天。阿尔多这个每天早出晚归的人,为了让玛丽娜开心,甚至带她去了佩鲁贾的周日之城和罗马的动物园。

等她再大一点的时候,我们每个周末都会去探索一个不同的城市。带着玛丽娜四处旅行是一件乐事。她充满好奇,聪明伶俐,而且十分热爱博物馆和艺术——在我们看来,有些过于热爱。从塔尔奎尼亚的伊特鲁利亚的墓地回来后,玛丽娜想出个绝妙的点子,于是,她在房间走廊的一整面墙上用彩色铅笔画上了长着翅膀的马。我们责备她,她立刻跑回自己的房间,不一会儿,她出来了,手里拿着一个小包,里面装了钱夹、香水和梳子。

"我收拾了行李,马上就走了。我把家变得这么美丽,你们居然责怪我。"

她的话让我们的心都融化了,于是,我们向她道歉,请她继续作画,不过只能画在那面墙上。多年以后,直到我们离开那座房子,都没有重新粉刷那面墙。

那条画满了各种涂鸦的走廊让每一个看到它的人都乐个不停。玛丽娜是那样可爱,她在那面墙上画上了她所有朋友和亲人的画像。只有丽达为此发过脾气——在我看来,这只是因为玛丽娜画得比她本人要胖得多。

每年学校放暑假后,玛丽娜都会和我母亲一起回的里雅斯特。她会在格拉多①与我哥哥、比切,还有比她大一点的表姐玛丽亚·克里斯蒂娜度过一段时间。妈妈和玛丽娜总是坐飞机去,而我父亲则是拎着大包小包乘火车前往。我很想跟他们一起走,可是我不得不留下来工作。等到我和阿尔多能回的里雅斯特的时候,他总不愿坐飞机。他是陆生动物,只能坐汽车和火车移动。

玛丽娜的成长是我们一生中最美丽的冒险。我们不知道这所有的功劳是否全部归于我们,但我们相信,孩子能让我们变得更好。玛丽娜美得耀眼,无论我们走到哪里,

---

① 戈里齐亚省的一个市镇。

总有人停下来赞美她。

她继承了小姨莉迪亚的身姿、艾米莉亚精致的五官，还有阿尔多的肤色。她皮肤白皙，头发金黄，不过眼睛却是我父亲那样的深棕色。

玛丽娜让我们十分满意。我们从来不需要告诉她去学习，或是问她有没有完成作业，更多的时候，我们得推着她出去玩。可她（谁知道从谁那里继承来的！）不喜欢被强迫或被劝说，还生气地说："我知道自己该干什么。"

玛丽娜最大的，或者至少是最明显的缺点是不爱收拾。她所到之处，周围都会充满"生机"。衣服、书本和玩具随意丢在整座房子里。她的房间里几乎看不到地板，因为地上的杂物实在太多了。直到有一次，我大发雷霆，把所有乱放的东西通通从阳台上扔了下去。从此之后，玛丽娜才开始整理物品。

我和阿尔多开始想象，如果给玛丽娜添一个弟弟会怎么样。很快我就怀孕了。当时是六月份，我们本可以等到八月份回的里雅斯特的时候，再把这个好消息告诉大家。

可就在我们出发的前几天，我的阴道出现了异常出血。我们这才发现，胎盘脱落了。我不得不接受紧急手术。阿尔多则编了个理由告诉我的父母，因为某个大坝损坏，他不得不留下来工作，而我则会跟他一起留在马莱玛，那里只有很少的几部电话，联系不太方便。

我们不想让他们操劳和痛心，我们知道，我们彼此相爱，足以独自渡过这个难关。因为手术伴随着一些并发症，我在医院住了十八天。

阿尔多从未离开过我身边，他一直握着我的手，只有在去洗手间的时候才松开。即使在回家的路上，我们也始终牵着手。我们想不明白，为什么这样的事会发生在我们身上。直到去机场接上玛丽娜的时候，我们才终于露出了笑容。

那次的丧子之痛如此强烈，以至于我们再也没想过要孩子。我以为自己足够坚强，但我没有坚强到能够忍受失去孩子的痛苦。

而玛丽娜就算独自一人，也足以为我们的生命赋予意义，她是我们一生中最美的相遇。

王子驾到

我不知道具体是从什么时候开始的，但在我生命中有那么一刻，我感觉哪里都不是我的家。我在维泰博生活了二十多年，可时至今日，我依然不属于这里。我仍然认为自己是的里雅斯特人。然而，每次回到的里雅斯特，我却早已认不出我的城市了。

自从父亲在二月的某个清晨离开后，我开始在我们共同生活的每个地方看到他。每当我走进某家酒吧，路过火车站，或是看到家里与他形影不离的马瑞利收音机时，怎么可能不想到他？

生命中的这些时刻，最好与那些与你共度童年的人一起挺过去。做不到这一点的人，将承受双倍的痛苦，或者需要更加用力地抓住未来的希望。我母亲就是这样的反应，她把那些被剥夺的爱一股脑地倾泻在了玛丽娜身上。

我们经常与阿尔多聊起，回到的里雅斯特的生活该有多么美好，可是他的工作进展得那么顺利，因此搬家肯定不在我们的讨论范围内。

而且，玛丽娜长成了地道的维泰博人，她的口音非常清楚地证明了这一点。为了不让她学着说方言，我们已经相当注意了，可孩子们总爱重复他们听到的话，而她又在伊特鲁里亚人的土地上长大。奥匈帝国残留在她身上的只有面容和肤色，因此所有人都把她误认作英国女孩。

玛丽娜的外貌可能会招来麻烦，可她自然而然地规避了这一点。光彩夺目的美貌很危险，可能会成为她唯一的标志，但是玛丽娜始终知道该如何行事。她从小就很清楚。班级里拍照片时，她总站在最后一排，站在那些高个子女孩中间。等上了中学，她的个头更高了，所有男孩都爱上了她。

直到玛丽娜选择上宝血女修会的语言高中后，阿尔多才松了一口气。首先，这是一所女子高中；其次，阿尔多很重视女儿的天主教教育。

直到那一刻，玛丽娜仍是一个模范女儿。她从阿尔多那里继承了责任感，而且在学校里的表现非常优异，学习成绩很出色。

考试的那年夏天，玛丽娜开车去了维也纳旅行，回来后就决定学习语言，这可以说是天赐之选。阿尔多的德语说得极好，时不时会教她一些。他对玛丽娜保证，如果在商店里或收银台前,别人能听懂她说的话,她就可以得到想要的东西。

因为那个约定,我再也没能坐上摩天轮。玛丽娜带我们在维也纳历史悠久的普拉特公园转了至少七次。她举止大方,充满好奇,把我们拖进每一座博物馆里。她让我们在餐馆里点了太多蛋糕,以至于我平生第一次把蛋糕剩在了盘子里。

在那次旅行中,玛丽娜成功从阿尔多手里"敲诈"来了她从小就想要的礼物,一条小狗。玛丽娜叫它马诺洛。马诺洛到来时,我们搬到了在维泰博的第三个家。那是一座双拼小别墅,带有一个小小的花园,我们终于有自己的空间了。我的母亲留下来与我们同住,这让我们的生活轻松了不少。多亏母亲帮着料理家务和照顾玛丽娜,我和阿尔多才能经常拥有片刻的二人时光。我们一起共进浪漫的晚餐,和朋友一起出去玩,参加派对和舞会,偶尔还能度个假。

我们婚姻的秘诀正是如此:永不放弃自己想要成为的样子。

在我们的婚姻中,孩童时的理想找到了最佳的成长沃土:我们始终愿意给予彼此力量,让一个人的梦想成为另一个人的希望。对我们来说,婚姻一直是避难所周围那堵安全的高墙,我们从未感觉被囚禁或压迫。我们相信,如果两人生活都那样困难，独身一人一定寸步难行。

玛丽娜的青春期让我感到害怕。她的性格更像阿尔多，而不像我，但是从她面对事情的许多细微态度中，我看到了自己的影子，我担心在某个微妙的人生阶段，那些特质会突然爆发。在那个阶段之前，她的生活太顺利了，我很确定，生活的苦，她迟早会体会的。

但我错了。玛丽娜依然是我们满意的源泉，而非担忧的源头。我们许她自由，从不将自由作为要挟她的武器。我们的房子变成了玛丽娜和朋友们聚会的地方，我和阿尔多工作，我母亲为所有人准备比萨和甜点。这是每一位青少年的理想状态。

我偶尔会来到那些男孩子中间，只需一眼，就能看出哪个男孩看玛丽娜的眼神不同，而玛丽娜又对谁投去格外炽热的目光。

阿尔多每次对上玛丽娜一些朋友的目光时，都会摆出一副冷峻的面容，把男孩们吓得不轻。

当玛丽娜向我坦白她已经交了男朋友时，我假装大吃一惊。不过，我很清楚是哪个男孩子。孩子们总觉得自己能骗过父母，而且在被识破之前，他们不会轻易承认。于是，我玩了一个游戏。

我非常喜欢她的小男朋友，以至于很多次我不得不与阿尔多一起撒谎——更准确地说,是一起编造真相,就为了让孩子们去体验他们这个年纪该有的所有情绪。

我为玛丽娜定了一个规则:无论如何都不能把男朋友单独"带回家"。他可以和朋友们一起结伴而来,但不能向我们正式介绍他。要想参加家庭活动,得等到婚礼的那一天。

和我母亲一样,我愿意在女儿的故事中充当局外人,给予她最大的自由去体验,避免他们分手时,与父母有任何问题或尴尬。

但是,与我母亲不同,我并不总是那样不知变通。可又该怎样在某些时刻说"不"呢?

唯一一个一直对玛丽娜说"不"的事情是关于摩托车。我们的理由是,在维泰博这样的小城里,摩托车毫无用处:要想长途旅行,可以乘坐公共汽车,或者搭乘"父母出租车"。可事实是,我们不想总是担心她骑摩托车出事故,单是她骑自行车就够让我们提心吊胆了,至少减了十年寿命。我们害怕玛丽娜哪天一不小心摔倒在乡间的小路上,断胳膊断腿,最后被救护车拉走。

马诺洛比玛丽娜更熟悉公交车的时刻表。每天早上,马诺洛都会陪她去公交车站,放学时,又会摇着小尾巴等她下车,这让马诺洛成了当地的吉祥物。春日的某一天,玛丽娜决定和朋友们一起步行回家。当她走到公交车站前的人行道时，马诺洛看见了她，立刻跑向她的身边。可就在这该死的时候，一辆全速前进的汽车飞驰而来。

当时，在家的我们都听到了玛丽娜的尖叫声。我们冲向玛丽娜，见她正坐在马路中间，手里抱着那条已经停止呼吸的小狗。

似乎任何事情都无法安慰到她，也无法让她从悲痛中走出来，她在短短的时间里就瘦了5公斤。她拒绝吃饭，什么都无法逗笑她，她看起来简直像个幽灵。

这一次，玛丽娜没有提要求，我也没有征求阿尔多的意见，就给她买了一辆黄蜂牌摩托车。

买摩托车可能是唯一一件使我们的婚姻陷入危机的事情。阿尔多指责我愚蠢，不讲道理，只凭直觉行事，不考虑行为的后果。他责备我将玛丽娜的生命置于险境，而且过于溺爱她。

我试图向他解释，我们不能把孩子关在玻璃罩里，即使我们不给她买，她也会坐在朋友的摩托车后座上，但阿尔多根本听不进我的解释。这个我认识的最理性的人，拒绝与他的妻子进行公正的辩论。

母亲向我解释说，阿尔多之所以坚持立场不妥协，是因为这令他想起了小时候突然失去的妹妹。那时候，阿尔多的母亲还是那样年轻，他当时感受到的痛苦是那样强烈，以至于现在都无法保持冷静。

几个月后,我才明白阿尔多的恐惧是有根据的。那天,我办公室里的电话铃响起,听筒的另一头是医院。玛丽娜的摩托车撞上了一辆汽车,她肩膀骨折,还出现了脑震荡症状。我让妈妈在阿尔多回家后立刻告诉他,而我则马上赶去医院看望女儿。

阿尔多回家时,受到了双重打击。先是岳母让他赶紧去医院;接着,他看到邻居泪眼婆娑,嘴里喊着"玛丽娜死了"——那是她12岁的香肠犬。这个误会之后,阿尔多每次从的里雅斯特回来,再没给她带过格拉巴酒。

那次事故导致玛丽娜骨折,她被吓坏了,宣布再也不骑摩托车了。

这一次,她想坐飞机去英国巴斯复习备考,希望能让英语有所进步。一如往常,我们满足了她的要求,但我们完全没有预料到,那趟旅行的目的地就是她的命运之地。

在英格兰的那三个星期里,玛丽娜不仅提高了发音水平,还学会了那句绝对是最困难却最重要的话:"I love you(我爱你)。"

玛丽娜就读的那所女修会学校备受尊重。那一次,学校的学生由两位老师——托尼诺·森西和安东尼奥·乌萨伊陪同前往,后者带上了自己的弟弟费德里科·乌萨伊。后来,玛丽娜疯狂地爱上了费德里科。

只是,他们的仲夏夜之梦在回到意大利后,就变成了莎士比亚式的悲剧。

对玛丽娜的男友——现在已经是前男友来说，宛若被兜头浇了一盆冷水。对阿尔多来说，则要更严重。但是，他们并不死心。费德里科比玛丽娜大了足足11岁。但父亲越是反对，玛丽娜越是被他吸引。

谁也不知道她在英国到底遭遇了什么。离家时，她的行为举止还只是个小女孩的样子，可回来时，却满怀女人的自信和决心。总之，她在青春期时没有让我们遭罪，不过这一次算是补回来了。

我们用了很长时间让她思考如此巨大的年龄差距意味着什么，但是丝毫没有成效，于是我决定表面上暂且站在她这一边；可她在发现我并非真心实意后，便打破了带男友进家门的禁令，以此作为对我的回应。玛丽娜先是将费德里科带回了家，然后是吉卜力——这是男友送给她的一条马雷马牧羊犬。费德里科用类似的一个个惊喜来表达对她的爱。

费德里科很会讨人喜欢，也很会逗人开心，随时都能说出一个笑话。他举止有教养，彬彬有礼，这也证明他十分聪慧。我的母亲喜欢费德里科甚至多于玛丽娜，因此费德里科总待在我们家里。我必须在阿尔多的嫉妒与女儿的愿望之间调停。我发现，在这样的情况下，我更是一个好母亲，而不是一个好妻子。

作为父母，唯一关心的是孩子们的幸福。孩子选择如何抵达幸福的彼岸，我们不应牵扯其中，只要我们传承的价值观与他们最真实的笑容共存即可。

只用了一个夏天，玛丽娜几乎改变了她所有的习惯和朋友圈，但是她的美德丝毫没有丢失。玛丽娜在学校的成绩依然优异，并以60/60的出色成绩毕业，考入罗马第一大学的语言系。她把费德里科也带到了罗马。阿尔多实在无法接受费德里科没有学位这一事实。玛丽娜对我们表达了她的想法，她没有抱怨这个问题，而是努力去解决。

自从那次英国之行后，玛丽娜开始结识年长她许多的人，因为她发现同龄人大多太过幼稚，而且总因为某些不存在的问题而苦苦挣扎，她不愿与他们待在一起。在玛丽娜的新圈子里，主要是一些老师和老师的配偶。玛丽娜能够有他们陪伴，我和阿尔多十分欣慰。看到玛丽娜与如此优秀的人建立友谊，她的知识与日俱增，我和阿尔多也很安心。而他们也十分高兴，因为我的女儿将费德里科带上了"正确的道路"。

当然，我们并不是说费德里科是个坏孩子，只是他的未来尚没有定数。自从费德里科的父亲在他16岁时去世，费德里科的人生就失去了参照点。哥哥们虽然健在，但是他们没有像父亲那样的权威，而母亲心又太软，无法管束他。于是，玛丽娜成了他的灯塔。

我们希望他们的感情不过是一段夏日的浪漫，但是他们的关系却日渐坚固：三年后，1982年3月28日，玛丽娜穿上了白色的婚纱，她比以往任何时候都更加美丽，她成了乌萨伊夫人。

我承认，这对我来说是一个沉重的打击。玛丽娜才20岁，我担心她因为一次冒险中的仓促选择而浪费了自己的青春。

父母总想为子女做最好的打算，可惜的是，这个"最好"就像那张著名的视觉错位图，有的人看到了花瓶，而另外的人则看到了两个人的侧影。这两种截然不同的观点让我想起了罗马的双面神雅努斯，一个脑袋看着过去，一个脑袋看着未来，却丝毫没有关注现在的意图。

父母抱怨子女，认为他们没有完全接受自己的安排（几乎是一个实现了所有愿望、完全没有犯错的自己的投影）。而孩子们呢，他们备受折磨，因为他们在父母身上看到了自己，他们想要尝试不同的道路，希望找到自我，只要不是他们出生时被赋予的身份即可。等到他们恍然大悟时，一切为时已晚。

我多次试图让玛丽娜改变主意，起码等到25岁拿到学位后再结婚，但是我没能说服她。她的需求并非一个小女孩心血来潮想要扮演女人，而是一个真正的女人的需求。但以她的年纪来说，这需求太过成熟了。她十分清楚自己想要什么,她认为没有理由继续等待。

玛丽娜请我们出钱帮她筹办婚礼时,我们拒绝了,可她对此并不生气。她开始找工作,一个月后,她在费德里科工作的职业学校担任英语老师。玛丽娜已经证明,她比我和阿尔多更有智慧。我们又一次为她感到骄傲,她也因此赢得了我们全部的支持。

看玛丽娜准备婚礼,就仿佛守护着一朵含苞待放的玫瑰,随后向全世界大声宣布:花朵已经绽放。玛丽娜和费德里科两人的喜悦几乎要满溢出来,这也感染了所有人。阿尔多最开始只要想到这件事就感觉不舒服,现在也站到了准备工作的第一线。阿尔多主动请缨,帮助这对新婚夫妇照料未来的新家;他被迫陪玛丽娜试穿婚纱,去餐厅确定菜单,到花店确定花材——因为我在带吉卜力外出时,腓骨和踝骨遭受了严重的骨折,卧床不起。我能做的最大贡献只是在婚礼请柬的信封上贴上邮票。当然,这里面也有吉卜力的功劳,它会时不时舔一下我手上的邮票。

从的里雅斯特到西西里岛,我们寄出了两百多份请柬,几乎无人拒绝。费德里科的母亲皮娜是西西里人,她有九个兄弟,而每一个兄弟又至少有两个孩子,这些孩子大部分已经结婚生育。面对这样一个人丁众多的家庭,阿尔多并不习惯,但他一直希望自己能有一个这样的家庭。

单是他从斯洛文尼亚私运来的五升格拉巴酒，就足以说明他有多么高兴，其中一瓶还被他自己喝完了。

阿尔多被这个新家庭的热情深深感动，他发现自己突然多了那么多亲戚，便决定卖掉我们现在住的小别墅，在距离市中心10分钟路程的郊区买了一块地。

阿尔多将要实现自己的梦想——从零开始设计和建造属于自己的房子，没有来自邻居的压力，每一处细节都能以他喜欢的方式完美呈现。虽然阿尔多从事建筑工作，但他也没想到，盖新房子的时间远远超过了卖旧房子的时间。我们不得不离开小别墅，与玛丽娜和费德里科在先前住的房子里住了几年——阿尔多重新装修了一下。费德里科的母亲皮娜和我们的关系很好，我们每个周末都会一起度过。为了帮助我们，皮娜提出让我的母亲住到她那里。母亲那时已经非常老迈，开始有些说胡话了。

皮娜对我母亲的态度亲切极了，这连我也做不到。皮娜对她的爱无比真诚自然，例如，她会给我母亲涂指甲油，或是称呼她"我的小美女"，这些举动屡屡让我感动不已。我终于明白，玛丽娜在费德里科身上发现了什么：一颗善良的灵魂和他深入骨髓的家族观念。

那是一个互帮互助的大家族，每个成员都争先恐后地帮助他人解决问题，从而减轻他人的负担。那是一个从不在别人背后说三道四的家庭，一切问题都当面解决，有时

甚至会朝对方大吼，因为他们知道，争执过后家人仍会张开双臂互相拥抱，彼此之间的关系会更加稳固。

我很感激玛丽娜，因为她点燃了导火索，让喜悦在每个人的内心炸裂。

我们所做的一切牺牲都开始有了意义。

新家的建造，选择房型、植物和家具宛若一场游戏，让每个人都兴奋不已，只是这完美的时刻仍缺少了一样东西——继承人。

阿尔多看到玛丽娜这样幸福，心里也很高兴，于是他向女儿表达想要外孙的次数也越来越多。但是玛丽娜和费德里科并没有紧迫感。他们享受两个人的新生活，工作、学习、旅行和社交，已经让他们过得十分充实了。我很确定，玛丽娜参加的派对比我还多。她喜欢跳舞，更喜欢出门前的准备过程。

玛丽娜对时尚充满热情。总的来说，玛丽娜非常节俭，但若是让她靠近华伦天奴或楚萨迪的零售店，情况就大不相同了——更不用说迪奥或圣罗兰零售店了。

每当玛丽娜"败家"后，她从不去找阿尔多，而是跑到我身边。当我发现她身穿刚买的战利品时，我就知道，她展露小女孩般的灿烂笑容是想让我掏钱包。如果她担心自己消费得太夸张，就会让英语老师的妻子罗萨娜陪她一起去。罗萨娜很快就成了玛丽娜形影不离的好朋友,她也是20世纪80年代的时尚先锋。她们甚至能就腰带为何不可或缺,或是垫肩对女性独立自主的文化价值等发表观点。她们的论证都是基于古老但仍十分有效的辩论术:"若无法说服对方,就把对方搞糊涂。"她们轻轻松松就能把我说服。

我们在建造中的新房花园里举行了许多次烧烤派对。有一次,阿尔多警告玛丽娜和费德里科,如果他们不尽快要孩子,就让他们交房租。我对阿尔多说,这种事强求不得,凡事都有它的时机。但是阿尔多并不听我的话,而且他已经在新家的设计中增加了一间秘密小屋,"用来给继承人玩耍",他总爱这么说。

但在我看来,要孩子还为时过早。没错,玛丽娜一直比她的年龄要成熟,但是在22岁的年纪,她仍然喜欢玩,喜欢去舞会跳舞,而且她是如此受欢迎,不费吹灰之力就将那些年的选美佳丽缎带披在了身上。所有这些都是她应该享受的。家里收藏了好些缎带:维泰博小姐、拉齐奥北部小姐、尤文图斯小姐、伊特鲁里亚小姐……

玛丽娜太美了,她本来可以做模特。在瓦伦蒂诺做完服装模特后,她还收到了进入娱乐圈的建议。但是,当费德里科在当地电视台主持节目后,玛丽娜觉得能陪着他就足够了。她喜欢教书，脑袋里丝毫没有一些不切实际的念头。

玛丽娜经常上一些私教课程，只要不在下午3点到4点之间，因为那时电视上会播放电视剧《他们会出名》，她一集都不想错过。玛丽娜有一套属于自己的看电视仪式。她会先冲一杯摩卡咖啡，然后从餐柜里拿出一根黑巧克力棒，嘬一口苦咖啡，再吃一小口巧克力，如此交替。这样一来，当剧集结束后，玛丽娜就给罗萨娜打电话，两个人开始评论这一集的剧情。

在生活中，我一直非常谨慎地尊重玛丽娜的私人空间。我从未私拆过她一封信，也从未翻看过她的日记。甚至，当我看到寄给她的明信片的时候，会把有字的一面扣过去。**我很清楚生活在一个人口众多的大家族里意味着什么，我也学会了如何幸福地生活下去：给每个人充分的自由。**

而对玛丽娜，我更加没有干涉的理由，她也是第一个让我参与她一切决定的人。她把我介绍给她所有的朋友，并告诉我所有的秘密。我们的关系非常好。

1984年，她选择送给我一件礼物，那是我这一生收到的最美的礼物——她宣布，我就要做外祖母了。

玛丽娜知道自己怀孕后，感到非常幸福，她平静地面对这件事，打算尽可能工作到无法工作的时候，生完孩子后再尽快复工。还差几场考试她就能从大学毕业了，她准备一直上到第八个月，然后等到孩子六个月大的时候再回去参加考试。我喜欢她的这个做法，我从中又看到了自己的影子，我在怀她时的那些内心的恐惧又回来了。与玛丽娜一样，我没有向任何人坦白这些恐惧。但是，正如母亲对我做的那样，我用一个承诺消除了那些恐惧：永远不要找保姆来照顾孩子，或是把孩子送进托儿所，我会把孩子照顾好，玛丽娜可以继续实现自我，享受她这个年龄该享受的一切。请注意，并不是说送去托儿所或请保姆来家里有什么不好，这一点很清楚，我只是认为，既然家里有人能够照顾孩子，就不必这样做。有时，我们会把社会为我们划定的道路，与最适合我们的、最好的、最正确的道路相混淆，而忘记了人生真正的价值。

54岁时，我提交了提前退休的申请，我无比高兴。我喜欢我的工作，我从中获得了很多乐趣。放弃工作意味着我放弃了自己一半以上的感受，但对当时的我来说，真正的财富是在我女儿有需要时给予她无条件的支持，我的重中之重绝对是她的幸福与安心。

当我们知道孩子是个男孩时，我的心被撞了一下。第一次养育男孩让我开心极了，但是我担心，因为他是备受瞩目的长子，他们会给他取已故爷爷那拗口的名字——伊巴密浓达。

我的怀疑很快就得到了证实，但是玛丽娜立刻找到了折中的办法。费德里科可以自由地给次子和三子取名字，但是长子的名字早已确定。那是多年前玛丽娜与好友罗萨娜的一个约定。当时罗萨娜的儿子刚出生，所有人都拒绝给他取名为埃马努埃莱。但是，玛丽娜很喜欢这个名字，为了证明这一点，她向罗萨娜保证，如果将来她有了儿子，一定给他取这个名字。于是，1984年12月2日，这件事发生了。我的外孙叫埃马努埃莱，这无可辩驳。

震耳欲聋的寂静

想要立刻见到小埃马努埃莱的愿望太过强烈，以至于阿尔多在接到费德里科的电话，得知玛丽娜即将生产后，为了能从维泰博尽快赶到罗马，57年来从未吃过罚单的他收到了整整三张超速罚单。

阿尔多一踏进诊所，就发现候诊室里的亲戚朋友甚至比病人还要多。修女们三番五次过来要求我们保持安静，但大家伙儿实在太兴奋了，根本没人听她们的。终于，医生宣布孩子出生了，人群顿时兴奋地欢呼起来，喝着永不缺席的由阿尔多带来的格拉巴酒。这引起了主任医师的注意，他试图浇灭我们的热情，威胁要把所有人都赶出医院，连婴儿都不让我们见。阿尔多并没有生气，只是简单地回答说，若不让我们看一看婴儿，那这家私人诊所一分钱都休想收到。阿尔多最后用他的经典表达结束了对话，拒绝给对方回答的权利："句号，结束，闭嘴。"

阿尔多块头很大,身高接近一米九,体格健壮,嗓音低沉,生气时根本无须喊叫,他只需低声说出他想说的就足够了,他的语气总是那样坚定、平缓和有力,足以让对方心生敬畏。对他来说,眼神足以替代呼喊。阿尔多天蓝色的瞳仁似乎化为了冰块,任谁与他对视,都会感到不寒而栗。他那一动不动紧皱的眉头更加放大了愤怒的情绪,像是把双手放在嘴边一样。

他用食指指着医生,宛如西部电影里的冲突升级了,终于,所有人静默下来,焦急地等待着,看谁能在这场针锋相对中胜出。最后,双方握手言和。我们达成一致,只要家属保持安静,身穿衬衣,戴好帽子,就可以三人一组进入育婴室,也就是安放所有新生儿摇篮的地方。

刚站到最前排,阿尔多简直不敢相信那个小东西就是自己的外孙。他很丑,黑乎乎的,手脚有点大,头发黑得像煤,直得像豪猪毛。小家伙也是所有新生儿里最激动、最慌乱的,他嘴里发出的似乎不是声音,更像是警笛。他大声地哭喊着,搞得护士们总得守在他身边,以免他吵醒其他孩子。我试着向阿尔多解释,刚出生的婴儿长得都不像小男孩,而更像猴子,不要伤心得太久,这样对他没好处。不过,因为格拉巴酒的缘故,阿尔多听不进去。好在他脑子虽然有点迷糊,但内心还是很清醒的。当阿尔多终于将外孙抱在怀里时,他意识到,在他眼前的正是生活为他保留的最美好的礼物。

人们说，当孩子出生时，母亲也诞生了。不过，同样正确的是，当外孙出生时，外祖父也诞生了。他发现了一种无条件的爱，这爱是如此纯洁，会将他的优先级重新排序。

当儿女出生时，人们会感觉自己在这世界上种下了一颗种子，想要让这种子生长得更加美好。当孙辈出生时，人们才发现那颗种子已经发芽，在那朵开出的小花里，包含着所有帮助人们理解生命意义的说明。对我来说，生活突然变得无比美妙，正如埃马努埃莱一样。

小家伙来到这个世界许是费了好些力气，可一旦他恢复体力，立刻展现出了所有的美丽。

大家竞相猜测，他从谁那里遗传了什么。游戏简单得很。蓝色的眼眸分明是阿尔多的，鼻子和嘴巴与玛丽娜的一模一样，颧骨应该和皮娜的一样高，额头则与费德里科的一样高。不过，他身上似乎完全没有我的影子。但随着时间流逝，我逐渐意识到，我遗传给他的东西虽然肉眼看不到，却极易辨认，那就是性格。

提前退休是我做出的最好选择。很快，玛丽娜就证明自己是一位优秀的母亲，可是照顾埃马努埃莱花费的精力抵得上照顾三个孩子。他活泼，充满好奇心和活力，只能被人抱着睡，或是坐汽车长途旅行后，听着甲壳虫乐队的背景音乐，在父亲的陪伴下沉沉睡去。他总是肚子饿，而且从很小开始就特别挑食，如果食物不合他的胃口，他就把食物吐在我们脸上，直到满足需求才会止住哭声。和玛丽娜一样，我们每周都带他去佩鲁贾的周末之城，也会去罗马的动物园，我们每天都带着面包去喂公园里的天鹅。

到了送埃马努埃莱去幼儿园的时候，所有人都非常难受。埃马努埃莱一直和我待在一起，他在我生命中最艰难的时刻拯救了我。在曾外孙出生后不久，我母亲的脑子就越来越糊涂，身体也日渐衰弱。等这种衰弱到了无可挽回的地步时，我们不得不让母亲住进了一家医疗机构。新房的完工日期一拖再拖，她没法跟我们住在一起，因为家里已经没有地方住了。为了让母亲永远都有人陪护，不让她一个人待着，费德里科组织了一支由亲友团组成的庞大队伍，我们每两个小时轮班一次。当有人无法陪护时，费德里科就会去替班。日复一日，费德里科不断用行动证明，他是多么爱玛丽娜和我们所有人。

直到生命的最后一刻，母亲都十分安宁。她甚至不认识任何人，只是微笑着向每个人打招呼，还拉着他们的手。妈妈最后一个拉手的人是我，之后她永远闭上了双眼。

子女永远无法为父母的死亡做好准备，而且世界上没有任何一种痛苦能够训练你承受这种悲痛。几个月前我们就知道，这件事随时都可能发生，可当它真的发生了，我们仍然无比震惊。玛丽娜受到的打击比我更大，但至少埃马努埃莱分散了她一部分注意力。照顾这个小家伙让我非常累，这对我没什么帮助。

在母亲去世后几个月，我意识到自己有些地方不对劲：我一直非常疲惫，而且总是头晕得厉害。侄女玛丽亚·克里斯蒂娜——也就是拉法的女儿，现在已经成了一名医生——建议我做一个脑部CT。在拿报告的时候，我真希望自己没有做过护士。有些事情最好还是不要知道。我的脑部长了一个神经瘤，而且已经长得非常大，位置也十分凶险，没有任何一位外科医生敢做这个手术。

阿尔多立刻行动起来，他甚至联系了瑞士的医院。最后，我的侄女救了我一命。她设法约到了一位刚从美国回来的医生。所有人都说，他是一位名医，是大脑手术的开拓性人物。所有人一起去见了他。我、阿尔多、玛丽娜、费德里科和埃马努埃莱。

在医生面前的，只有我和我的丈夫。这让我们能更专注地思考，该如何用最合适的话向玛丽娜转达这件事，而不是仅仅强忍泪水。学术文献只统计了全球6例此类神经瘤，它的危险性不在于它是良性的，而在于它的位置。如果我任由它在大脑里生长，那么我将忍受持续性的头晕、恶心，以及毫无意义的生活。如果我把它拿掉，那么就算出现耳聋或面部偏瘫的后遗症，也算是令人满意的结果。

阿尔多没有给我任何考虑的时间，他替我作了决定，他请医生务必预约诊所最早的手术日期。

我们手牵着手，走在通往候诊室的长廊上，心情像照亮我们脚步的霓虹灯一样冰冷。埃马努埃莱刚看到我们，就向我跑来，问我那里还疼不疼，他能不能给我一个小亲亲，亲完后我再走。三个星期后，事实证明，那个吻是一味极好的药。手术进行得非常顺利。那个神经瘤只给我留下了一些身体平衡问题，以及对享受生活和亲情的无尽渴望。我也没有面瘫。

入住新房子的第一晚，我完全无法入睡。现实过于美好，任何梦想都难以与之匹敌。

在结婚前，我和阿尔多就梦想拥有一套属于自己的房子，但我们从没设想过，那房子竟然能够如此漂亮。

阿尔多不遗余力地设计这座房子，调用了他在建筑学方面的一切知识，就为了能够最大限度地利用好我们的积蓄。阿尔多成功地在一座绿油油的小山丘上建造起一栋传统别墅，在这里，夏日的阵阵微风总能吹来丝丝椴树和茉莉花的香味。房子共有三层。阿尔多和我住在主楼层，我们可以在那里办午餐会、晚餐会或派对，顶楼有一个专门的睡眠区，其中一个房间留给埃马努埃莱，另一间留给客人住。

玛丽娜非常厉害，她设法将四次搬家一直跟随我们的旧家具与现代家居完美融合，并与地毯、墙纸相得益彰，使房间充满了色彩和欢乐。玛丽娜所到之处，优雅随之而至，她将优雅与好客平衡得恰到好处。

每当有客人走进家门，看到玛丽娜精心选择的物件，无不大受震撼，玛丽娜也为此非常高兴。

家里的客人实在不少。如果说维泰博是大海，那么我们家就是港口。随便什么都能成为庆祝或邀请客人的好理由，每一个周日我们家就餐的人数不会少于12人。

有一个特殊的日子值得庆祝，那就是玛丽娜和费德里科的毕业典礼。正因为有了这个学位，我女儿得以离开职业学校，去她就读过的语言高中教法语。宝血女修会的学校里还开设有初中、小学和幼儿园，这对玛丽娜来说是个非常实际的解决方案，因为埃马努埃莱可以在那里上学。他现在4岁了，我们不得不开始放开他的小腿，任由他乱跑。然而，幼儿园没上多久，我们发现，最好还是控制一下他的小腿。自打埃马努埃莱发现妈妈和自己在同一幢楼里，他总是第一时间冲出去找妈妈。这样一来，学校里所有的老师和学生都认识了他。于是，只要看到小埃马努埃莱跑过走廊，打开一扇扇房门找妈妈，他们就会把他带到负责幼儿园的修女那里——也就是可怕的卡梅拉修女。

卡梅拉是一位守旧派修女,她深感自己作为教育工作者责任重大。第一次见她时,我就清楚自己不喜欢她。她的两片嘴唇像蛇的嘴唇一样薄,眼睛又细又长,藏在永远擦不干净的狭长的镜框后面。她自认为是一位好老师,但她却将爱与恐惧混为一谈。如果哪个孩子控制不住地想要什么,或是发发脾气,或是不听她的话,卡梅拉修女就会毫不客气地责打他们。卡梅拉宁可被人害怕,也不愿被爱,她甚至毫不掩饰自己对左撇子孩子的憎恶。

她实在太招人讨厌了,就算是埃马努埃莱也不喜欢她。虽然他用的是右手,但是他那"恶魔的小手"找到了引起修女关注的其他方式。因为小家伙一直想要逃跑,我甚至不知道他们为此设立了多少道栅栏。糟糕的是,小埃马努埃莱成功找到了一种方法,让卡梅拉修女再也不打他的屁股。每当修女把他抱起,再放下来交给其他修女时,埃马努埃莱就会呕吐在她的鞋子上。我这个外孙从小就非常好胜,他会强迫自己吐出来,绝不会默默忍受这样的侮辱。

埃马努埃莱越长大,我就越爱他。毫无疑问,这孩子非常讨人喜欢,而且头脑相当聪明。以他的年龄来说,他的口条算是相当利索了,我不知道他一分钟能说多少词,他甚至能在讲话中完美地使用所有的虚拟语气。埃马努埃莱可以和大人一聊就是几个小时,还会编故事,他超强的想象力和对周遭事物强大的观察力，使得他能把故事编得十分真实。他对语言的掌控，再加上他那天使般的脸庞和那双蓝色的大眼睛，不知道骗过了多少人……

有一次，埃马努埃莱看到修女给一个忘记带午后点心的小朋友拿了一个香肠三明治。自此之后，埃马努埃莱就开始把玛丽娜为他准备的蜂蜜吐司面包扔到垃圾桶里，然后问修女们要东西吃，因为妈妈没有给他准备食物。等到修女们告诉玛丽娜，不要忘记给埃马努埃莱准备点心时，玛丽娜才意识到她的小埃罗埃罗是个多么"可爱"的孩子。

埃罗埃罗是埃马努埃莱在蒙塔尔托-迪-卡斯特罗时给自己取的外号。蒙塔尔托-迪-卡斯特罗是一个位于马莱玛海滨的小镇，阿尔多在那里买了一间小房子，用来让他的小外孙呼吸海风中的碘。

阿尔多为了让小家伙开心，会在黎明时分带他和吉卜力去海边散步。等到小家伙累了，阿尔多就把他放在狗背上。吉卜力也很得意，仿佛自己是一匹小马，正开心地驮着小主人散步。一位先生和一条个头巨大的白狗一起散步，白狗背上还驮着一个小孩——这幅画面让人难以忽视。于是，当好奇的人走到近前，问他叫什么名字时，埃马努埃莱尽管当时连话都说不利索，但也乐于跟别人打交道，他的回答听起来很像"埃罗埃罗"。

埃罗是一个很擅长社交的孩子。在蒙塔尔托，埃罗开始在我们的住所与北极星洗浴中心之间建立他最初的友谊。与各个年龄段的孩子一起玩，对埃罗产生了很大的影响，我们也不知道是该高兴还是该担心。这是一场无法预料的地震，他越是独立，越是令我们震动。

最令我们害怕的事情发生在他3岁时，埃马努埃莱在海滩上不见了。玛丽娜当时正与罗萨娜、法比亚娜一起晒日光浴。法比亚娜和玛丽娜很早以前就是邻居，而且她女儿阿丽亚娜只比埃马努埃莱大一岁，是他最好的朋友。我们最后一次见到埃马努埃莱时，两人正在一起玩耍。

因为我们拒绝出钱让他们去买红色的小比萨，于是两个小家伙想到了一个好主意。他们先用毛巾蒙住头，然后从罗萨娜的钱包里偷了塔罗牌，跑到遮阳伞下乞讨，用看塔罗牌换报酬。

等我们找到他们的时候，这两个小家伙已经筹集了一万多里拉。两人哭声最大的时刻不是因为受到责骂，而是因为不得不将收取的不义之财退还回去。

埃罗非常喜欢大海，他拒绝其他任何形式的度假，只喜欢待在海边。有一年冬天，玛丽娜想要说服他去山上，唯一能让他听话的方法就是允许他带上自己的小铲子、小水桶和沙滩模具。当其他小孩和老师们一起快乐地滑雪时，埃罗则静静地坐在一旁，用雪填满他的沙滩玩具。从此之后，只要提议去山上，小家伙都会坚决拒绝，他宁愿和外祖父母待在一起。不得不说，他的思路相当清晰。有一点可以肯定，那就是我们非常宠他，他喜欢和我们待在一起，他每天都睡在我们家。

有一点我觉得很荒谬：在意大利语中，"nonno"（祖父）和"nonna"（祖母）都是以"no"（不）开头的单词，而"no"却是你最难对孙辈说的词。教育孩子是父母需要考虑的事情，而祖辈则代表着一个孩子能够逃避的出口，而且毫无愧疚感。

到了夏天，玛丽娜夫妇来蒙塔尔托接埃马努埃莱，要带他去英国，他会抱着我的腿呜呜咽咽地哭。

费德里科仍然会陪着孩子们去参加学习旅行，而玛丽娜也很乐意从旁协助。多年来，他们在英国时一直借宿在埃文河畔的斯特拉特福的一位叫玛丽的女士家里。玛丽是英国人，她有两个孙子，都比埃马努埃莱大一点，于是，她充当起了阿姨的角色。玛丽甚至主动提出要做埃马努埃莱的保姆。对玛丽娜来说，这似乎是一个教他学英语的好机会。从1986年到1988年，玛丽娜连续三年带埃马努埃莱一同前往英国。

1989年的夏天，玛丽娜更愿意留在蒙塔尔托，陪在我身边。几个月前，玛丽娜刚刚失去了一个孩子，虽然她已经康复了，但现在她更喜欢休息。

玛丽娜借此机会邀请玛丽和我们一起去海滩。她用无限的耐心回报了她的英国朋友。尽管她们付出了大量努力,而且给予了小埃马努埃莱千万分的关注,但是小家伙和玛丽待在一起时,除非刚吃了黄油炸鱼条和饱蘸了番茄酱的薯条,否则就会一刻不停地大哭。玛丽一句意大利语也不会说,而埃罗也没有丝毫想学英语的意思。为此,阿尔多没少开玛丽娜的玩笑。

埃马努埃莱一点也不笨,他只是很懒。或者更确切地说,他极度挑剔,只会将注意力和精力放在他感兴趣或者认为有必要的事情上。

那一天,埃马努埃莱终于肯张口说英语了——对他来说绝对必要。那一天,也永远改变了他和我们的生活。

在我们家,接待客人从来都是神圣的。我们家的大门永远敞开,所有客人宾至如归,受到国王般的待遇。我们喜欢用美味的食物和各种惊喜款待客人,以表达我们的感情。玛丽娜很擅长组织,她每天都能想出不同的活动。她先是拉着玛丽在伊特鲁里亚的墓穴和文艺复兴时期的花园之间游览,然后又安排了一天的海边野餐放松身心。与平时一样,玛丽娜负责策划一切细节,而我则负责实现它们。玛丽娜说,我们的分工宛若一对夫妇。

1989年8月的那天早上，我为大人准备了一份米饭沙拉，为埃马努埃莱准备了牛奶三明治和一些煮熟的火腿，还洗了至少1公斤杏和李子。阿尔多从黎明开始就已经在海滩上散步了，我随后拿着隔热袋陪他一起溜达。玛丽娜会照顾埃马努埃莱吃早饭，等玛丽醒来后，玛丽娜也会加入我们。但是，她始终没有出现。

从我们道别，到听到港口大喇叭的紧急通知，请我们即刻前去的那一刻，其间发生的一切都是我们从埃马努埃莱口中得知的。小埃马努埃莱承受了两次痛苦：一次是告诉我们母亲出事的经过，另一次是他在四岁半的年纪不得不亲身经历的丧母之痛。

埃马努埃莱告诉我们，妈妈给他倒了一杯牛奶，还给他留了一个悠悠，那是他最喜欢的零食。妈妈要去洗个澡，还叮嘱他，要是想再吃一个就叫她。因为妈妈很清楚，要是把整包食物都留给他，那他肯定能全部吃完。不出所料，没过多久，埃马努埃莱就叫妈妈了，他想再吃一个。"妈妈，妈妈，妈妈！"玛丽娜没有回答，于是埃马努埃莱打开了浴室的门，却发现妈妈昏倒在花洒下。埃马努埃莱走到妈妈身边，试着叫她，想要摇醒她，可她毫无反应。

埃马努埃莱用手指掀开妈妈的眼皮，然后飞奔去叫醒了玛丽，把事情告诉了她。这位可怜的英国女士被吓得慌了手脚，于是埃罗独自走出了房间，跑去叫公共泳池的救生员和邻居。

埃马努埃莱一位朋友的母亲立刻看住了他，尽量避免让他看到更多终生难忘的画面。等我和阿尔多赶到时，急救飞机刚刚将玛丽娜带去了罗马的圣卡米洛·弗拉尼尼医院救治。人群把我们家围了个水泄不通，而我什么都不知道，没有人能向我提供任何信息，没有人知道到底发生了什么。

他们安慰我们说，人还活着，救援人员很快就赶到了，而且埃马努埃莱非常勇敢，立刻就发出了警报。可我不看到玛丽娜是不会安心的。于是，我和阿尔多立刻一同赶往罗马。

我们在一个电话亭前逗留了片刻，向罗萨娜说明了情况，请她把埃马努埃莱接回去，并通知了在英国的费德里科。

为了不让费德里科担心，我们请罗萨娜在电话中尽量不要透露太多。可第二天黎明，当费德里科抵达罗马的菲乌米奇诺机场时，却发现当地的一家报纸报道了海滨救援飞机首飞的消息，并在头版头条附上了玛丽娜插管的照片。

当我在医院里看到费德里科的时候，我已经完全丧失了时间和空间的概念。我的女儿在手术室里待了不知多少个小时,可是仍然没有确切的消息传出。我们只知道她的脑子里有东西,医生们正在尽全力阻止非常严重的大出血,并排查可能的原因。

　　玛丽娜还年轻,她才28岁,从没有出过健康问题。

　　直到为她开刀的外科医生请我们到他的办公室就坐时,我们才明白,玛丽娜的问题并不是在浴室里滑倒那么简单。那位医生的书桌上贴满了便利贴,摆满了文件。他先是把一叠文件排了三遍,又费了太多时间安排座椅,等到坐进那张破旧的皮革扶手椅时,他才开口。这一开口,仿佛把整整一吨的重量压在了我的心口上。

　　玛丽娜被推进了重症监护病房。她刚刚经历了一场长达13个小时的艰难手术,虽然医生们设法止住了血,但因为失血过多,玛丽娜的预后并不明朗,可能会局部缺血,引发中风或栓塞。不过,在这之前,最重要的是让玛丽娜保持稳定。我们不应该操之过急,每熬过一个夜晚,都是一个好兆头。我们无力又疲惫,在附近费德里科的姐姐家里休息了几个小时。可是,我的脑袋一挨上枕头,铺天盖地的黑暗想法就扰得我根本无法入睡,它们甚至夺去了我哭泣的力气。

　　玛丽娜住院将近两个月,她花了近三周时间才能勉强挥手打招呼,并低声说出第一句话:"埃马努埃莱。"她刚获得一丝丝力气,第一个想知道的就是儿子的情况。小家伙也一直在找妈妈,手里紧紧抓着妈妈的一个发夹不放手,那还是罗萨娜去蒙塔尔托接他时,他从妈妈的房间里拿来的。我们想知道,带埃马努埃莱去见他妈妈,是不是至少对玛丽娜有些好处,但重症监护病房绝对不适合小孩子待着,更何况埃马努埃莱还太小。

为了找到治愈的办法,我们恨不得能移山倒海、震天撼地。我们咨询了所有优秀的神经外科医生,甚至包括为我主刀的那位名医,可仍旧毫无办法。修女们每天组织诵念两次玫瑰经[①],以祈求圣母保佑玛丽娜。她们甚至设法让伊曼纽尔·米林戈主教前去祈福,因为他被赐予了神奇的治愈能力。

我不顾一切地相信玛丽娜能挺过去,试图抓住任何一种可能性。

在玛丽娜住院期间,阿尔多每天都会赶去罗马。每一次,罗萨娜的丈夫托尼诺都会陪着他。费德里科则寸步不离地守在妻子身边,只有在每天吃两顿饭的时候才会强迫自己离开。

我们应该相信自己是幸运的。无论是在家还是在医

---

① 正式名称为《圣母圣咏》,是普世教会用于敬礼圣母玛利亚的祷文。

院，我们从不是孤身一人，所有人都很照顾我们。这个由玛丽娜组建的家庭，除了有亲人围在身边，还有好友时刻相伴，他们紧挨着我们，在我们即将坠入脚下裂开的万丈深渊时，想方设法帮我们缓冲。

我经常和埃马努埃莱一起留在家里。人们总是说，小家伙需要有我陪着，但事实是，他们都知道，我和其他人一样，迫切需要他的陪伴。

我们每天回到家时，总会给埃马努埃莱带礼物，告诉他说，这是妈妈送的，而他也会为妈妈画画，我们把这些画都挂在了病房里。在玛丽娜少数清醒的时刻，我们会把画拿给她看。她回报给我们她那美丽的小酒窝，与埃马努埃莱微笑时的酒窝一模一样。

可是，玛丽娜又一次大出血，我们只能在她儿子的脸颊上看到这样的酒窝了。

1989年9月26日，我的女儿离开了。与她一同离开的，还有我最好的一部分。

听到玛丽娜去世的消息时，我顿时感觉喘不上气来。我没法呼吸，体内的氧气卡在了喉咙里，它们死死地由内向外推，仿佛要将我窒息。我听到自己的心跳飞快，在身体的每个角落咚咚作响，像锤子一样在我的耳朵里砰砰敲打。胃里传来一阵从未有过的剧痛。紧接着，我的双腿再也无法承受那陡然降落在身体上的巨大悲痛，我跪倒在地，紧紧抓着阿尔多，甚至把他抓伤了。我没有尖叫，也没有哭泣，只是任由灵魂发出一声撕心裂肺、无法控制的叫喊，一种我从不相信能从人类的身体中发出的叫喊，一种悲痛的远古之声。

我们回到家里，第一次发现自己孑然一身。门廊下不知是谁丢了一个沾满石灰的桶，阿尔多狠狠地踢了一脚，借此释放他那紧张到极点的情绪。在此之前，他还能控制住自己的痛苦，只是落了几滴眼泪。他安慰了所有人，甚至签完了所有相关文件。不过，从此之后，他也屈服了。

他用不曾有过的暴力击打那只桶，对着天空大吼："为什么！"为了谁？我们做这一切是为了谁？我们现在活着是为了谁？

那一刻，阿尔多的膝盖也承受不住悲痛的重量，他倒在地上，身体蜷缩成一团，像是要消失一样。

我走过去，扶他站起来。

"为了埃马努埃莱，"我紧紧抱住他，在他耳边低语道，"我们必须为了埃马努埃莱活下去。"

为所爱之人停留

雪有时下得很突然，尤其是在错误的季节。你以为冬日的严寒已然消逝，却总被春日里的回马枪杀个措手不及。前一天晚上，阳台上色彩斑斓的花朵开得正盛，可第二天醒来，却发现一切都被掩埋在了厚实柔软的雪被之下。一切都变了形状，仿佛初见此景一般。

大雪纷纷飘落，万物的线条和边界都消失了，一切仿佛浑然一体。什么都没法吸引你的注意力。谈话里都是她，思绪里也是她，无论做什么都能想到她。无论双手触碰到何物，都觉得是那样冰冷，令人反感，想立刻抽回手。所有的味道也被那层让人眼花的面纱蒙住了。雪的柔软不是为了拥抱你，而是为了让你狠狠摔倒，让你毫无支撑和依靠。就连下雪的声音也是那样单调统一，一切都变成了沉闷、低沉、微弱的噪音。

雪不是掩盖，它是窒息。它凌驾于你之上，迫使你一动不动地观察它，静静地等待它自行离开，因为在它面前，你完全无能为力。

当我第一次在没有玛丽娜的世界醒来时，我的灵魂也蒙上了一层冰雪。我迷失了，找不到方向，失去了所有的参照点，我的每一个动作都失去了最终的目标。对我来说，所有的一切都与过去不同了，或者说是我变得不同了。焊接棺木发出的刺眼火星也带走了我最后的眼泪和哭喊。我想知道我的女儿在哪里，我不能相信，那具冰冷的尸体就是我可爱的小家伙。从那一刻起，我用唯一适合这种场合的外衣面对这份痛苦：尊严。之后的三个月，我甚至连哭都哭不出来。

我的眼睛恐怕是葬礼上唯一干涸的一双。整座城市都围绕在我们身边，成百上千双手伸出来安慰我，可我只想要埃马努埃莱的手。

亲人和朋友们尽了一切努力，希望帮我们挺过那艰难的时刻。他们想用他们的在场来掩盖那铺天盖地喧嚣的沉寂，可唯一能安慰我的只有我的外孙。

费德里科一直陪在我们身旁，他向我们保证，我们能够永远依靠他，并强调说，我们共同拥有玛丽娜留下的埃马努埃莱。

埃马努埃莱不仅仅是玛丽娜留给我们的礼物，他是我们所剩的一切。

我们不想让埃马努埃莱参加葬礼，但我们一致同意，马上告诉他妈妈去世的消息。如果说失去女儿很痛苦，那么告诉一个年仅四岁半的孩子失去母亲的消息则更为艰难。**保护他意味着让他知道真相，并告诉他，他可以信任我们。这不是在糊弄他。**

埃马努埃莱应该清楚地知道，玛丽娜再也不会回来了，但她不是有意丢下他一个人的。我们用了"死亡"这个词向埃马努埃莱解释，妈妈的身体已经停止了运转。我们向他保证，这不是他的错。我们叫他安心，他的父亲、外祖父母，包括所有的叔叔阿姨都会永远与他在一起。

他的每一滴眼泪都能灼烧出一百道伤痕，然而希望他再次微笑的愿望是那么强烈，以至于只要想到他，我们就几乎忘记了正在承受的痛苦。

如果他的父亲不是费德里科，埃马努埃莱可能会随时离开，将我们活下去的唯一理由剥夺。但是，费德里科向我们发誓，无论发生什么，我们仍是一家人。这个誓言成为我们继续前行的唯一动力。

排在埃马努埃莱之后，我的第二个执念就是想知道为什么。为什么我的女儿在28岁时就香消玉殒？为什么不是我替她去死？

阿尔多在信仰中找到了答案。可对我来说，在女儿去世时，上帝也一同死了。我会陪丈夫去做弥撒，仅仅因为我不能离开他。当神父向我表示哀悼，并补充说上帝永远知道他在做什么时，阻止我反驳神父的只是我对阿尔多的爱。那一刻，我无比愤怒。那个让四岁半的男孩失去母亲的仁慈上帝在哪里？我真想痛骂他一顿。

我和埃马努埃莱在一起时，非常温柔亲切；可面对他人时，我几乎有些咄咄逼人，似乎在不惜一切代价寻找罪魁祸首。最后，是阿尔多让我意识到了这一点。有一次，我在他的一个同事面前发火，那位同事非常抱歉地说："因为玛丽娜是那样美丽。"这句话我已经听过不下几十遍了。美丽跟这件事有什么关系？难道他们以为，如果玛丽娜长得丑，我们就能少难受一些？

我难以压抑那突然腾起的怒火，因此我情愿远离所有人，在记忆中寻找安慰。我害怕忘记玛丽娜的声音、气味、鬼脸和动作。当家里没人的时候，我总会打开那只樱桃木的大衣柜，我在里面藏了她的一些衣服。我极其小心地抽出保存衣服的塑料盒子，然后像对待水晶一样对待它们。我把衣服凑近我的鼻子，吸食着上面的香水味。直到埃马努埃莱不住地问我，为什么就算是在家里或是下雨天我也要戴太阳镜，我才停止这样做。我仿佛变成了一个拧开的水龙头，根本无法止住哭泣。我认为，可以与埃马努埃莱共担痛苦，但悲伤却不能。

自从玛丽娜去世后,埃马努埃莱变得异常敏感。若是让他看到我难过,也会将不安全感传递给他。我们小心翼翼地观察着他的反应。我们发现,他不寻求关注,这也是因为我们从未让他感觉缺少关注,但是他要求我一直陪在他身边,就算是参加与其他小朋友的聚会,或是上体育课,也要陪着他。只要我从他的视野里消失几分钟,他就会哭个不停,直到看到我,紧紧地抱着我。他害怕被抛弃,而原因很好理解。

我的大部分时间都花在了埃马努埃莱身上,而且我经常以此为借口,拒绝想与我见面的熟人的邀请。

因为看不惯我如此格格不入,一天下午,我丈夫的一位名叫丽埃塔的同事来敲门。她之前从未对我们的遭遇表示过同情。当时,埃马努埃莱正坐在沙发上看动画片,而我则在热中午剩下的面包片来当作下午茶点。丽埃塔表露出一副老师的派头,开始教训起我来。她训斥我太过溺爱孩子,并逼我编造事实,说我没让她吃东西,只为了不让她评论和批评我。在我洗盘子的时候,我听到埃马努埃莱在叫人。丽埃塔出去看看他想要什么。我透过厨房的门向外偷看,我意识到,我对外孙的溺爱还远远不够。原来,埃马努埃莱问丽埃塔要了一张餐巾纸,却没有加上"请"字。丽埃塔开始用一种令人讨厌的学究式语气问他:"你刚刚说什么?"可埃马努埃莱丝毫不害怕,他已经把自己的小脏手在她那干净的白色亚麻裙子上擦干净了。后来，她再也没有来过。

除了包括这次在内的极少数情况，埃马努埃莱都非常有礼貌，像个小贵族。

一天晚上，我们向他重复了很多遍，说他不应该说"我想要"。于是，他在电话里对我和阿尔多道晚安时，用甜甜的语气说了一句"我想你们"，惹得我们的心又碎了。

那天晚上，我和阿尔多一直聊到了第二天黎明。这是我们第一次讨论自己的情绪：在此之前，我们一直躲在问题的背后。

阿尔多甚至成功安抚了我想找到原因的渴望。我所需要的并非答案，而是一个问题。我应该停下来，不要再不停地问自己，为什么这件事会发生在我身上，而是开始问自己，为什么这件事不应该发生在我身上。这就是生活，我们可以为不幸感到悲伤，正如感激我们仍然拥有的幸福。选择站在哪一边，完全取决于我们自己，而取得胜利的唯一方式就是两个人站在同一边。

埃马努埃莱身边不止有我们和他的父亲。玛丽娜是独生女，不过，在她过世后，罗萨娜变得更像是她的姐妹，而不是单纯的朋友。每个周日或节假日，罗萨娜就会和她的丈夫以及两个孩子——莫妮卡和斯特凡诺与我们一起度过，用他们那伟大的心灵填补我们的空虚。对埃马努埃莱来说，罗萨娜不仅仅是他的一位阿姨。罗萨娜用全部的爱抚平了埃马努埃莱的痛苦，甚至在圣诞节和过生日时，埃马努埃莱也能像平常一样。只有一个节日能激发埃马努埃莱的痛苦，那就是母亲节。几个星期前，学校里的孩子们就开始准备写信，做各种手工艺品。修女们为了不让埃马努埃莱感觉被排除在外，便用"祖母"（nonna）这个词代替了"妈妈"（mamma）。

当埃马努埃莱读这首诗时，只是读完第一行，他就忍不住泪如雨下："有什么比火焰更温暖？只有妈妈、祖母的爱。"

这样的朗读并不适合他，他的诗无法押韵，证据摆在面前：他与其他人不同。对他来说，他的生活并不如伙伴的那样简单和美好。

自某一刻开始，事情似乎变得轻松了许多，可对我来说，一切更加困难。1992年，费德里科迎来了他的第二次婚礼。自从玛丽娜离开后，我就请费德里科开始新的生活，考虑到他还非常年轻，不能独身一人。假若他的生活重归平静，我的女儿一定是第一个感到高兴的。按理说，我非常坚强，可当我第一次见到亚历山德拉时，我又缺氧了。我不得不与自己做了无数斗争。

亚历山德拉只有一个问题，她不是玛丽娜。

亚历山德拉温柔聪明，尽管比费德里科小了整整14岁，但她知道该如何支持他，宽容地对待他。最重要的一点是，她爱埃马努埃莱，对他视若己出。我用了很多年时间才最终意识到，她能进入我们的生活对我们来说是多么幸运。我有一个糟糕的想法一直挥之不去，那就是我的女儿，埃马努埃莱的母亲，不在他身旁。而被人占据的位置有时比一个空着的位置更加伤人。

我的大脑和我的内心突然成了不共戴天的仇敌。我知道母亲的形象对埃马努埃莱的帮助比什么都要大，可每次听到他喊亚历山德拉"妈妈"，我的心就像被人捅了一刀一样难受。

阿尔多再一次代表了我大脑中最理性的部分，他请我思考亚历山德拉走进我们家时的情形。亚历山德拉小心翼翼地站在我们面前，像是犯了什么错，因为她取代了玛丽娜的位置，牵起了埃马努埃莱的手。可是，她并没有占据任何人的位置：生活只是在我们的桌子旁加了其他位子。阿尔多提醒我，变化总是让人难以接受，他之所以爱我，正是因为我从未被吓倒过。

挺过了玛丽娜离世的痛苦后，我知道自己已经足够坚强，可以接受亚历山德拉的加入了。当然，如果她的出现让埃马努埃莱与我们疏远，这肯定是个问题，但费德里科非常注意让我们融入这个新的大家庭。我们的家很宽敞，每个周末、节日或生日聚会，我们都会选择在这里庆祝。

与亚历山德拉一起走进我们家的还有她的父母，他们都是非常好的人。亚历山德拉的母亲丽塔成了我最亲密的朋友之一。每当埃马努埃莱喊她"外祖母"时，我从没感觉到任何不舒服。我很幸福。埃马努埃莱需要全世界的爱，而丽塔的心中拥有不竭的爱之源泉。丽塔的丈夫伊达尔戈征服了阿尔多。伊达尔戈是一位出色的格拉巴酒鉴赏专家，他甚至让阿尔多露出了久违的发自内心的微笑。在饭桌上，我们必须让他们俩分开，或是至少与酒分开。我们之间产生了一种神奇的感觉。我们一直在大家庭中生活，可是像我们这样的转变是我在其他地方都未曾见过的。

所有人都习以为常：埃马努埃莱有一个爸爸、两个妈妈和五个祖父母。孩子们只是需要爱，他们并不在乎是谁给的爱——重要的是他永不缺少爱。

只有当你停止寻找痛苦的意义时，你才能开始寻找生活的意义。

在玛丽娜去世整整十年后，我开始慢慢体会到那种感觉。我终于学会了感激生活赐予自己的一切，而不因它夺走我的至爱而诅咒它。我的女儿虽然已不在我身边，但我每天都能从埃马努埃莱身上看到她重生的影子。我原本担心，四年的时间不足以将玛丽娜的某些特质传承给我的外孙，但我错了。他们非常相像。

从小学开始，每当埃马努埃莱放假，他总会和我们一起在的里雅斯特待上两三个星期。正如他的母亲一样，小埃马努埃莱也非常好奇，热爱在博物馆和各个景点里度过每天的时光。他喜欢寻根，于是强迫阿尔多每年都回到同样的地方。米拉马雷城堡、自然科学博物馆、水族馆、雷沃尔特拉别墅、圣朱斯托的建筑……每当我们拒绝他的要求时，他就会要求和丽达一起睡觉。丽达太宠他了，甚至到了夸张的程度。

丽达爱埃马努埃莱爱得发狂，她是唯一一个从没向我提过小家伙体重超标的人。自从母亲离开后，强迫性饥饿就一直伴随着埃马努埃莱，而我的哥哥和嫂子比切非常注意控制他的饮食；然而，丽达不仅会满足他，甚至会超出他的要求，给他更多食物。自从丽达发现埃马努埃莱对掼奶油疯狂的喜爱后，她总能让小家伙在冰箱里找到至少一升奶油。如果埃马努埃莱到了麦当劳想要吃鸡块，丽达就会为他买整整24块。当埃马努埃莱与丽达待了刚好五天后，他的裤子就开始变紧，为了不让我们发现，丽达带他去逛城里最好的商店。我们吸取了教训,最好一到的里雅斯特,就把埃马努埃莱留在丽达那里,这样一来,之后的几天就可以帮他瘦身。当然,任务失败了。埃马努埃莱待在我哥哥和嫂子比切家里的那几个星期,也胖了不少。

拉法非常擅长烹饪,埃马努埃莱喜欢看他准备大名鼎鼎的鱼盘。鱼盘端上桌时,应该严格控制温度,必须是温热的,要是煮过了头,就无法享受它全部的风味了。埃马努埃莱太爱他的舅外祖父了,回到蒙塔尔托的时候,坚持要给他做午饭。

我和阿尔多会在蒙塔尔托一直待到圣罗莎节开始。在那里的四面墙内,我们会长时间聊天,从而重温关于那栋小别墅的美好回忆,虽然那里正是悲剧的发生地。

我经常把埃马努埃莱与玛丽娜搞混,可是我忘记了,虽然他长得很像她,但是并没继承她最优秀的天赋。

我的女儿聪明而好学,可埃马努埃莱只专注在自己喜欢的事情上:他在人文学科上非常厉害,可是在自然学科上却是个笨蛋。

阿尔多付出了所有的耐心,亲自做埃马努埃莱的家庭教师,教他等式、方程式和几何学,终于帮他克服了这个弱点。

埃马努埃莱也没有从玛丽娜那里继承节俭的优点。

埃马努埃莱上初中时，阿尔多就考虑过让他自己掌管财务。阿尔多让他算一算整个假期需要多少钱，等他算出来后，直接一次性给他，用这样的方法教育他如何管理钱财。阿尔多是储蓄方面的大师，为了让埃马努埃莱对储蓄管理同样敏感，阿尔多甚至买了《24小时太阳报》出版的向孩子们解释经济学的《史高治》系列漫画。埃马努埃莱非常喜爱迪士尼，甚至会读洗涤剂的标签，但是那些杂志他从来没有翻开过。而且，阿尔多把钱交给埃马努埃莱之后，不到两周时间，他就来找我要钱了。我会背着阿尔多偷偷给埃马努埃莱钱，作为交换，我让埃马努埃莱承诺，永远不要有秘密瞒着我。埃马努埃莱令我惊讶的一点是，他不是为自己要钱。他永远都那样慷慨大方，非常有爱心，喜欢给每个人送礼物。他把在生日时收到的红包统统花在了买圣诞节礼物上，而且他从来都不会忘记任何一个生日或纪念日。他太小的时候就懂得了死亡，于是他这一生都在努力庆祝以作为弥补。我们疯狂地爱他。

正是由于我们之间约定要做到绝对坦诚，我成了第一个知道埃马努埃莱从14岁就开始抽烟的人。我告诉他，抽烟是一种愚蠢的坏习惯，但是他很清楚，我从20岁就开始抽烟了，而且我当时还瞒着阿尔多偷偷抽烟，所以我的话丝毫没有说服力。不过，我坚持说，如果他真的不能少抽一点烟,那么我宁愿他在我面前抽烟。禁止他抽烟反而会进一步刺激他的欲望,以至于他可能会在没人的时候抽上三倍的烟。

在我第一次心脏病发作时,埃马努埃莱第一次戒烟。那时,他已经上高中五年级,是个懂事的小大人了。自从上了文科高中,埃马努埃莱就加入了学校的话剧社,他愿意跟朋友们待在一起,变得越来越独立。我和阿尔多想趁此机会一起去旅行,我们会在蒙特卡蒂尼待上几周,休息一下。有一次从那里回来后,我感觉身体有些不舒服。在急诊室里,我第一次被诊断出心脏有问题,直到今天,这些问题仍然伴随着我。那时我已经70岁了,应该开始直面身体的极限了。

第二年夏天,又发生了一起悲剧,它再次提醒我们,生命的美好与脆弱是那样如影随形。八月的一个晚上,伊达尔戈发现丽达躺在地上不省人事。在经过了一些基本的检查后,她被紧急送往了罗马的圣卡米洛医院。当我们赶到时,我和阿尔多仿佛重新经历了那场最糟糕的噩梦:丽达与当时玛丽娜住的是同一个房间、同一个床位。与我们的女儿一样,丽塔也在几个月后离开了我们。

只有巨大的喜悦和巨大的痛苦才能将你从与挚友永别的悲痛中抽离出来,而命运这个玩世不恭的混蛋为我选择了第二种方案。

阿尔多被诊断出结肠癌，恶性且是极晚期。医生不想欺骗我们，也没有隐瞒病情的严重程度，而是竭尽全力让他尽快在特尔尼最好的肿瘤医院接受手术。告知真相仍然是我们家的行事风格，我们立刻通知了所有人，包括埃马努埃莱。他一出学校，就立刻跑来看我们。埃马努埃莱对阿尔多拥有无限的爱和尊重：他的外祖父不像我那般溺爱他，阿尔多非常懂得平衡温柔和权威，以至于埃马努埃莱一想到可能会失去外祖父，就忍不住泪流满面。

不过，我们流下的所有眼泪都是喜悦的泪水。阿尔多和费德里科感谢上帝，而我和埃马努埃莱则感谢医生们，因为他们的手术做得很成功，随后的化疗也做得很好，帮助阿尔多战胜了癌症。

埃马努埃莱害怕失去阿尔多，也担心再也听不到玛丽娜的故事，于是他开始想要更多地了解他的母亲。他常常翻看旧照片，也会请我们讲一讲照片背后的故事。他渴望听到更多关于母亲的故事。他正在塑造自己的性格，同时也在考虑未来的发展，认为有必要更好地了解自己的根。

埃马努埃莱会花几个小时的时间和玛丽娜的朋友聊天。每当他微笑时，朋友们都能注意到他与母亲是多么相像。但是，埃马努埃莱不满足于外貌，他想知道母亲是怎样的一个人。他会思考，如果母亲在自己身边会是什么感觉；如果他们关系融洽，如果母亲还与我们一同生活，那么他的生命又会有怎样的不同。

在蒙塔尔托，我在打扫外孙房间的时候发现了一封信，忍不住拆开来看。因为信封上写着"玛丽娜"三个字，我认为自己有资格阅读这封信。信是法比亚娜寄来的，在海边时，她与我女儿是形影不离的好友。法比亚娜想要满足埃马努埃莱的好奇心，于是用白纸黑字写下了对玛丽娜的回忆。法比亚娜笔下的文字与玛丽娜在短短28年间留下的痕迹一样生动，恐怕只有失去她的痛苦才能比这更加鲜活了。

说起玛丽娜，我首先记起的是她的步态。若是你没有见过她走过假日游泳池的大门，或是走上北极星的木舷梯，恐怕会认为这是一个小细节，微不足道。缓慢，自如，优雅至极，身段柔软却全然不自知，毫无矫揉造作之态，一头如云般的秀发随风飘扬。

玛丽娜的包里总装着一本书。她想要循序渐进地学习，当然她还十分年轻，她追求知识和文化的道路还处在起步阶段。有一次，她引用了戈雅的一句话来告诫一位惹她生气的学生："理性沉睡，心魔生焉。"

关于儿子零食的标准和热量放纵的问题，玛丽娜与外祖母莉西亚一直都在斗争和争论，但是她们永远都待在一起——在婴儿车后，在双人自行车上，在海边。不过，玛丽娜会责备你的外祖父阿尔多，他每天都要顶着太阳一直散步到穆雷尔，回来时满头大汗，脸色潮红。

不过，外祖父阿尔多不为所动，依旧坚持每天散步，直到玛丽娜再也无法絮叨为止。

在对你的教育中，她既亲切又十分严厉，目标是让你尽可能做到独立，从你能够自己掸去脚底沾上的沙子开始。不过，你却开始亲切地找你的外祖母，因为她会帮你做。

玛丽娜优雅得无可挑剔，绝对的无可挑剔。无论穿什么，即便是一块带发夹的印花沙滩巾，她都会善加利用。我记得有一次，在八月节的泳池派对上，她对我说："瞧你……我有什么就穿什么……"

她抱着你一起来的，身上穿着一件天蓝色紧身连衣裙，衣服上绣着隐隐约约的金银丝线，腿上涂了一层薄薄的护肤霜，闪着微微的光泽（那是全世界最美的一双腿，她很清楚……），我们所有人差点儿心脏病发作。

不过，要不要给电话号码取决于我，因为我是唯一有她电话号码的人。而你的父亲早在英国时就与她约好，她满怀思念之情早早抵达，不过早得恰到好处……

就算是对阿丽亚娜，她也非常亲切，对她呵护有加……即使与比她大的我在一起，也是如此。显然，她认为我没有受到足够的呵护，过多地经受了生活的历练。玛丽娜给了我一些建议，甚至还责备过我，她试图让我开阔眼界，而且总不忘从斯皮勒家给我拿些好吃的、好用的。

玛丽娜称呼阿丽亚娜为"这个基卡"，前面一定要带"这个"。"我决定了，我要在狂欢节上把这个基卡打扮成小红帽。"她就这样自己决定了，甚至不知道狂欢节根本不会到来。她还绕过我，直接走到阿丽亚娜跟前，对她说："我们长着长头发的应该打上护发素，不要立刻梳头发，得先吹干一点儿，然后不要从发根开始梳，得从发梢开始，然后慢慢向上梳开。"

我这一生中，只同玛丽娜一起度过一次圣罗莎节。我不记得是不是在市政厅的阳台上了，但我记得，我们看着灯塔经过。"来吧，整个维泰博的上流社会都聚在这里了……"她笑了，但在我看来，她有些紧张。

在"那个早上"的前一天晚上，我们在她的花园里，用樱桃红的指甲油精心地涂了脚趾甲。她煞有介事地宣判："我们疯了。"她穿着有蓝色小象图案的白色短裤。第二天早上，我看到短裤躺在一大堆乱七八糟的东西之间，这足以说明早上发生的一切。我对自己说："玛丽娜，我要把它们拿走。"可是，随后我感觉很糟糕，我感觉每个角落里都有她，她似乎在回答我："难道你是混蛋吗？！"

你不知道，我是多么努力才读完了信的最后几行字。我的双手颤抖不止，咚咚的心跳声在全身回荡。我迅速把信放回原处，冲出去想洗把脸。

我看着镜子，双眼中映入妈妈的目光。我想，那些离开我们的人永远不会消失，他们给予的爱会继续存活在生者的灵魂中。

我们在一起度过多少年并不重要，重要的是感情的强度和纯度。玛丽娜就像我和我的母亲一样，懂得用唯一可能的方式去爱，那就是无条件、不计成本地爱。

有人坚定地认为，永恒的生命必须用荣耀来赢得，而我却十分确定，抵达永恒的方法是爱。

我已竭尽全力

埃马努埃莱18岁生日那天，阿尔多陪他去驾校报了名。这是他要求的生日礼物，为此我十分高兴，因为他选择了一份与自由和独立同名的礼物。自他四岁半至今，我们一直等待他成年，因为这是对我们的考验，是告诉我们这些年的教导是否合格的试金石。我很确定，是的，但是阿尔多仍有些犹疑。与当年的玛丽娜相比，埃马努埃莱在学校的成绩不能让他真正安心。他从未缺席过任何一年的课程，但仍然有很大的进步空间。只有他的语文老师马里尼先生真正懂他。在谈话中，马里尼先生告诉我们，学校里的所有规则对他来说都太过严苛。马里尼先生坚信，在高中之外，埃马努埃莱能够自由地表达，他会绽放的。

高中毕业后，埃马努埃莱对表演和戏剧的热情使他萌生了想要进入西尔维奥·达米柯国家戏剧艺术学院的想法。入学选拔相当严格,不过埃马努埃莱干劲十足,仅仅几个月时间,就将从小就发不太好的"r"音(大舌颤音)提升了一大截。埃马努埃莱请了一位语言治疗师来家里帮他练习发音。他把自己关在屋子里,一连几个小时不停地练习同样的音节:"Ta te ti to tu...Sta ste sti sto stu...Stra stre stri stro stru..."他克服重重困难,终于在中学毕业考试中,将每一个"r"音颤得像虎吼一般。可惜的是,他从未参加过试镜。费德里科希望他先从大学毕业,至少拿到三年制的学位,然后就可以自由地选择要走的道路。

埃马努埃莱没有被打击到,他热情洋溢,兴致盎然。他决定先报名就读传播学专业。埃马努埃莱最初几次考试的成绩让我们松了一口气——他得到了30分(满分),而且在夏季课程中,他也提前完成了所有必须的考试。

为了奖励他所取得的成绩,在埃马努埃莱上大学二年级时,阿尔多送给他一次前往红海度假的机会。阿尔多终于开始为外孙未来的人生感到安心。唯一令人担心的是他的体型——他已经接近130公斤了。这体重不是别的,而是他痛苦的重量。因为他用食物来满足自己的渴望,填补玛丽娜爱的空缺。生活似乎将他看作一块容易击中的靶子,于是,他为自己打造了一副铠甲,用以抵御生活给予的打击。

埃马努埃莱在埃及古尔代盖的旅行一结束，就立刻来到了我们家，给我们带了许多礼物，还讲述了他的经历。那是2004年9月的一个下午，阿尔多正坐在扶手椅上休息。通常，每天的那个时候，阿尔多都会在花园里忙活——他要忙的活计得有上千件。尽管阿尔多已经77岁了，但他仍然是这个家的主要引擎。自从他退休后，我们一次都没有叫过电工或水管工，家里的一切都由他亲自打理。从园艺到砌砖，阿尔多各种活都能胜任，仿佛他还不到30岁。如果室外太热没法工作，阿尔多就会全身心地投入到算账或是合唱团的排练中。唱歌是他极其热爱的事情，他甚至加入了教区合唱团。每场音乐会结束后，阿尔多都会为每一位成员提供一杯"圣水"（酒）来庆祝。

那天，当埃马努埃莱来问我外祖父为什么还在休息时，我无法告知他真相。埃马努埃莱跑去跟外祖父分享他的故事，但是阿尔多的样子像是不记得小外孙去了哪里，埃马努埃莱立刻明白了是哪里不对劲。

两天前，阿尔多突然晕倒。我和费德里科一起将他送进了急诊室。医生告诉我们，我们很幸运，阿尔多局部缺血，可能会瘫痪，失去说话能力，情况也可能更糟糕，也就是死亡。不过，阿尔多的大脑唯一受损的地方是记忆区。仿佛是阿尔多自己选择的一般，他仅仅失去了近期的记忆。相反，对我们过去的记忆，似乎比以往任何时候都更加生动和清晰。

日子一天天过去，阿尔多从家里样样能干的勤杂工，变成了需要别人照顾的小孩子。而我的小家伙，在20岁的年纪，就承担起了家中的义务和责任。我认为，正是从那一刻开始，埃马努埃莱长成了一个男人，是我见过的最优秀的男人之一。

阿尔多的记忆一天比一天糟糕。埃马努埃莱没有气馁，而是一次次把我们拖进神经科医生的办公室。埃马努埃莱觉得这是他的责任，而且他不止一次告诉我，他很乐意做这些，因为如果他妈妈还和我们在一起，这一定是妈妈要考虑的事情。他批评我的做法加剧了阿尔多的病情，坚持认为一直待在家里对病情没有帮助，外祖父需要刺激。可是，很多事情埃马努埃莱并不知情，因为我现在不希望他太过担心。

照顾阿尔多的要求远比我告诉他的高得多：阿尔多甚至无法自己去洗手间，他需要24小时全天候的照顾。阿尔多大脑的工作模式难以预料，他记得合唱团的每一首歌，有时会在半夜开始唱这些歌，但是他又会全然忘记灯在哪里，也不记得自己做过结肠手术。为了切除肿瘤，医生不得已切除了他一大段肠子，因此缩短了从刺激到有排泄需求的时间，这个时间非常短。

后来，埃马努埃莱带我们庆祝结婚50周年纪念日时，他意识到了这一点。那是2005年7月，埃马努埃莱正在为城市的某个夏日活动工作。他已经搁置了当演员的念头，喜欢上了旅行，正想尽一切办法赚钱，然后出去玩个痛快。我喜欢他的大胆无畏，但又担心这会让他分心，耽误学业。我与埃马努埃莱做了一个约定：如果他继续按时参加考试，并且取得不错的平均成绩，那么我会支付他假期的费用——正如之前我们对玛丽娜一样。埃马努埃莱答应了，之后继续做他想做的事情。当我终于明白他为什么这样热衷于存钱的时候，我才意识到我的小外孙是多么爱我们。为了庆祝我们的金婚，埃马努埃莱带我们去马莱玛的餐厅吃饭，那是他小时候我们经常去的餐厅。就餐的只有我们三个人，这样阿尔多就不会有压力，免得因为某个不认识的人而受辱。

为了消除阿尔多来到陌生场所的困惑感，我们刚就坐，埃马努埃莱就拿出了他专门为此地制作的相册。相册里装着我们从婚礼前一直到最近这几年的所有照片。我们吃了蛋糕，蛋糕上有我们名字的首字母，还有一颗心和漂亮的"50"字样。随后，埃马努埃莱又从桌子底下拿出两个小包裹，分别递给我们两个人，并确保阿尔多能遵从他的指示。埃马努埃莱送给我们两枚婚戒，上面镶着小小的钻石。阿尔多凑过来吻我，问我喜不喜欢它们，这是他花了很长时间才选好的。他的眼神比钻石还要亮。

然而，一声尖叫打断了这无比浪漫的时刻。我担心野猪肉宽面加上红酒会刺激阿尔多的结肠，但是埃马努埃莱不想听我解释，于是，他不得不自己见证一下失禁是什么意思了。自从阿尔多失忆后，每当他感受到突如其来的刺激时，就会惊慌失措，大叫两声，而且无论身在何处，他都会拉下裤子，仅凭本能反应，完全忽略基本的文明概念。在家里如此，在公共餐厅亦是如此。

回到车上，我从后视镜里看去，发现埃马努埃莱的脸上挂着几滴泪水。回家的路上，他一直握着外祖父的手。阿尔多不记得发生了什么，可那些事情发生时的屈辱感一直伴随着他，直到晚上。唯一能够让他解脱出来的药物是甜蜜，而最有效的药物永远是我们外孙的心。

自从埃马努埃莱知道阿尔多病情的严重程度之后，就不再与我无休止地讨论了，因为我们再也不出门了，也不再邀请朋友来家里做客，只是新的争执又开始了。

在我退休后，我认为没必要再请人帮我做家务了。我头脑清楚，身体健康，而且时间自由，不过，在外孙眼里，一个75岁高龄的人应该闲下来。埃马努埃莱说，一想到我和阿尔多单独在家，他就放心不下，他坚持要请一个护工，至少能帮我们接一接电话，以免我们没能及时接到，或是正在花园里而错过电话，结果害他担心。

经过长时间的拉锯战，我们终于达成了妥协。每周有三个上午，会有一位女工来帮我做一些繁重的家务，不过，只要我头脑还清醒，我就是丈夫唯一的护士和助手。我永远不允许任何人进入家门，剥夺我们的自由。首先我从朋友们口中听说了太多关于不靠谱的护工酿成悲剧的故事。其次，也是更重要的一点，我并不需要护工，因为我是一个独立女性。我甚至买了一辆新车，方便近距离出行。那是一辆Smart，我开车时总会放一把螺丝刀在车里，要是有哪个蛮横的混蛋敢在红绿灯前惹事，我就以此来威胁他。埃马努埃莱开这辆车的次数比我多，不过，这是他应得的。他外祖父的病让他成熟起来了，甚至身体也终于摆脱了保护他多年的脂肪外壳。埃马努埃莱已经十分清楚，他不需要那些脂肪，他有能力应对生活的挑战。于是，经过6个月的节食和健身，他的体重成功减到了100公斤。

我一直相信，埃马努埃莱最大的财富，是他始终都是一个无可救药的乐观主义者。乐观主义者与梦想家不同，他们不会闭上眼睛思考，而是永远睁大双眼，以便在任何情况下找到积极的一面。当看到我被阿尔多的病痛折磨得疲惫不堪时，埃马努埃莱对我说，我没有抱怨的权利。是我自己选择不接受他人的帮助，无论如何，事情还没到最坏的那一步。

其实，除了记忆力，阿尔多的人生经历为他打造了一副如钢铁般硬朗的身体。埃马努埃莱希望阿尔多能够像他的祖母，即费德里科的母亲皮娜一样——她在101岁的高龄时才离开我们，她最后20年是没有记忆的。

阿尔多虽然再也不是我们认识的阿尔多了，但是至少他还在我们身边。我们可以拥抱他，和他说话，甚至能够与他对话，尽管对话时间不超过5分钟，但毕竟是一场对话。对所有人来说，这是一种巨大的安慰，但在内心深处，我真切地希望自己永远不要承受这样的命运。阿尔多虽然失去了记忆，但是并没有变傻。在状态好的时候，他能像往常一样机敏地辩论，而他记忆的局限又令他那双美丽的蓝色眼睛黯淡了下来。

埃马努埃莱照亮了阿尔多和我们。他以满分110分的成绩毕业，让我们所有人都为他感到骄傲和满意。埃马努埃莱准备好起跑了，他计划去伦敦学习广告，但是一次严重的摔伤拖住了他起跑的步伐。

摔伤的那个人是我。那一天，我想去花园里摘一些迷迭香，给自己正在准备的午饭增加一些风味，但是小狗走在我脚边，想和我一起去，它让我失去了平衡。我顿时感到锥心刺骨的疼痛，我立刻意识到，我的股骨骨折了。我试了几次想要站起来，但都无济于事，而阿尔多正在音量开到最大的电视机前呼呼大睡，根本听不见我的呼喊和求救。

太阳慢慢西沉，我也愈加害怕。疼痛如针扎一样钻进我的身体，可我连心脏病的药都没带在身边。我害怕自己就这样死在家门口，我为自己的愚蠢气恼不已，因为我从来没有随身带手机的习惯。我问自己，如果我死了，阿尔多该怎么办。我又希望不要让埃马努埃莱发现我。天彻底黑透了，就在我万念俱灰的时候，阿尔多出现在我面前。我请他立刻帮我把手机拿过来。他一定来回走了至少八趟，每次都要问给我拿什么。终于，阿尔多拿来了手机，那一刻，我深信是玛丽娜将他带到了我身旁。

我住进了医院，在病房里等待修复手术时，第一次意识到自己上了年纪。我在寄宿学校上学时，老年部一直在与股骨骨折做斗争，我将它称为"小寿星部"。在我看来，他们都像玛土撒拉①。现在，我的年纪比他们还要大，但我一点不觉得自己老。当然，我没法反驳，因为我

---

① 《圣经》记载的人物，据说他在世上活了969年，是历史上最长寿的人，后来成为西方长寿者的代名词。

已经整整77岁了。

步入老年的第一声警钟,是我看到第一根白色阴毛出现,气得我连白头发都不染了。因为按照小姨莉迪亚教我的原则,窗帘总要与地毯颜色相配。

但是,更年期却被我完全忽略了。它是在玛丽娜离开后到来的,是当时我面对的最微不足道的问题了。被剥夺了母亲的身份,远比失去生育能力更加令人心碎。

年轻时,你认为与卫生巾的诀别是迎接老年的标志;但对我来说,真正悲痛的是重新垫上尿布,与生活自理说再见。归根究底,**接受你的年龄是停止衰老、重新生长的唯一方式。**

埃马努埃莱没有给我留出时间担心阿尔多以后的生活,他已经想好了,他要第二次拯救我。毋庸置疑,我这次的事故足以证明我们不能再独自生活了,于是,埃马努埃莱决定搬来和我们一起住,只有在我卧床的时候,才会请护工。

在我住院期间,埃马努埃莱已经开始往我们家搬东西了。我在医院住了一个多月,其间埃马努埃莱一直都在照顾他的外祖父,他面带微笑,内心充满了无尽的新鲜感。与玛丽娜一样,埃马努埃莱也是独子,但他身边同样围绕着很多朋友,让他并不孤单。我住院的那一个多月里,那些朋友每天晚上都与埃马努埃莱、阿尔多共进晚餐。他们为阿尔多起了一个新雅号，叫作"快乐的鳏夫"。阿尔多会在餐桌旁一直待到很晚，有时他一不留神就会把手中的酒瓶喝个见底，然后他会教孩子们唱的里雅斯特老男孩合唱团的歌，还劝大家合唱。他对来的所有人都非常好奇，对每个人都从头到脚一一询问一番："你是谁？你做什么工作？你是哪里人？"每天晚上，每个人都会被问上至少七遍。但阿尔多很讨人喜欢，总爱开玩笑，大家都像爱自己的外祖父一样爱他。

我出院回家时，他们准备了惊喜派对，埃马努埃莱的所有朋友都到场了。他们手里拿着小气球、小帽子和小喇叭，在宽敞的客厅里等我。这个客厅现在已经改建成了我的卧室，中间放着一张大大的矫形床，我将在床上度过接下来的三个月。协助我的是一位我无法拒绝的护工，起码那时候是这样。

辛迪曾照顾皮娜十年，费德里科认为，能找到这样一位护工非常幸运。可我不这么觉得。当我能够拄着拐杖走路，我才意识到她做事有多么邋遢。而当我看到辛迪用马桶刷刷所有的瓷砖时，差点儿就要吐出来。辛迪相信那是"浴室里的笤帚"，并坚持认为自己是对的，而且她从来都这样做。

我真想一脚把她踢走，但我费了好大力气才说服埃马努埃莱离开三个月。他之前陪一个朋友去瑞士参加了一家旅游活动公司的面试，结果被录用了。能在沙姆沙伊赫教三个月浮潜，可把他高兴坏了。但是为了照顾我和阿尔多，他差点选择了放弃。我不得不与费德里科和亚历山德拉进行了精彩的团队合作，让他三思而后行。现在我们的劝说成功了，我不能因为踢走辛迪把这一切都搞砸。

当埃马努埃莱从埃及回来后，我感觉我所有的努力和牺牲都有了回报。

埃马努埃莱在那里一直待到9月底，过得相当开心。在那几个月里，埃马努埃莱的变化很大，我差点儿没认出他。他的皮肤晒成了前所未有的古铜色，一头长发因为海水和日晒变得金黄，最重要的是，他瘦了很多。他减去了至少15公斤，而且脸上挂着笑容，那是从他四岁半到现在，我一直希望看到的笑容。他是那样的充实而快乐，像他妈妈一样漂亮。

激动过后，我问埃马努埃莱，他是否真的确定要搬来跟我们一起住。虽然我非常开心，但为了他好，我还是试图劝阻他。埃马努埃莱只有23岁，让他放弃自己的生活与我们同住是不妥的。可他并不认同，他不断重复说，能做他母亲该做的事情令他十分幸福，而且他对自己的选择非常坚定。他想要按照自己的需求改造房子。

埃马努埃莱把家里的餐厅改成了他的生活区，打掉了所有的墙壁,将厨房缩进了一个玻璃小房间中。他对生活充满热情,周围的一切应该也是生机盎然、多姿多彩的。阿尔多早已习惯了自己那严格的、极度理性的设计,当他看到埃马努埃莱改造的结果,以及安放在客厅中央的漩涡按摩浴缸时,差点儿晕过去。万幸,阿尔多没有看到账单,否则我们都要完蛋。

在与埃马努埃莱的日常相处中,我观察到,在这个方方面面如此成熟的男人背后,藏着一个永远的大孩童。他顽皮得像只小猴子,总是找机会逗外祖父。若是埃马努埃莱早上起晚了,打开窗子时发现外祖父正在楼下的阳台上散步,他就会藏到一个不会被发现的地方,装作天启骑士的样子,用阴森森的大嗓门喊他的外祖父。直到阿尔多吓坏了,或是我叫他不要喊了,他才肯停下来。这时候,为了缓和气氛,埃马努埃莱就会辩解说,反正过几分钟,外祖父就什么都不记得了。

这个家里住着我、阿尔多、埃马努埃莱和三条狗。比利罗是埃马努埃莱从狗场里领养的一条马雷马牧羊犬,另外两条狗(弗鲁丝汀和弗里帕)则是比利罗自己招来的串串狗。想必我们家热情好客的氛围也魔法般地吸引了动物们吧。

只有辛迪不受欢迎。我能够从手术中恢复过来,这让所有人惊讶不已。我的身体反应力相当优秀，剩下的工作就由我的魄力来完成了。我走路比以前好多了，不过，我还是会一直穿一件铁质的护臀，拄着拐杖，以防意外发生。我已经能够很好地照顾自己了。

不过，埃马努埃莱并不同意。在讨论此事时，他靠着负罪感狡猾地取胜。我虽然很抱歉，但是别无选择。如果我们不能把辛迪送走，我总有办法让她自己走人。赢下这项任务不仅无比轻松，而且妙趣横生。辛迪在意大利已经待了二十多年了，她决定回到自己的祖国，因为她已经被"疯婆娘"（也就是我）惹恼了。辛迪指责我伙同费德里科在她做的菜里面加盐，目的是责备她不会做饭，她还指责我在她洗澡时打开所有的水龙头，浇了她一身冷水；而且，我还在她休息的时候断电，让她没法看电视。其实，最后一个只能说是命运使然。

我们当地经常停电，若是晚上停电，埃马努埃莱就会陷入恐慌之中。那时，同他讲任何道理都毫无用处，因为他对自己的某些东西被夺走的恐惧根深蒂固，所有人都不得不向他的执念低头。有一次，他正和十几个朋友共进晚餐，就因为几条狗的吠叫令他生疑，他就报了警。警笛声把我吵醒，我来到露台向外看去，想知道发生了什么事。当时，我身穿一件长长的白色睡衣，手里拿着蜡烛照明，夜风吹乱了我的衣服。正在巡逻的警察看到我在黑暗中的身影时，吓得一跳两米高，误把我当成了女鬼。总之，自从埃马努埃莱住到家里，我们几乎从不无聊……

为了让埃马努埃莱安生一点，我想到了他的初恋伊莉莎贝塔。伊莉莎贝塔和埃马努埃莱一样，也是弗留利人，她很漂亮，埃马努埃莱经常好一阵子都没法从她身上挪开视线。而我和阿尔多则成了埃马努埃莱开始追求伊莉莎贝塔的借口。伊莉莎贝塔正在写心理学硕士论文，想找80多岁的老年人做测试。牵线的我80岁，而阿尔多83岁，正好符合条件。那次会面之后不到6个月，伊莉莎贝塔就和埃马努埃莱住在了一起，也就是和我们住在了一起。他们都非常年轻，他26岁，她24岁，但是他们对未来已经有了非常清晰的想法。

我立刻喜欢上了这个女孩，她长相甜美，性格可爱，喜欢把脑袋斜靠在肩膀上。阿尔多每天都能在家里见到伊莉莎贝塔，一天不少于四次，但是每次他照例都要询问：她是谁，她是做什么工作的，她是哪里人。每当被问起，伊莉莎贝塔总是不厌其烦地微笑着回答。每当伊莉莎贝塔从阿尔多面前经过，阿尔多都会被她的美丽打动，总要问那个"瘦高个儿"是谁。当他知道那是他的小外孙的女朋友时，就会高兴得合不拢嘴。

我对两个孩子的关系相当满意，当然，更高兴的是他们能够共同生活。在埃马努埃莱还很小的时候，我就建议他婚前同居——如果他决定要与某人共度一生,就必须跟她在同一个屋檐下共住一段时间。**只有同居才能真正认识一个人。人在度假时,只会比平时更和善。**

我只是很震惊,伊莉莎贝塔居然没有逃跑。在家里,我无论做什么都十分小心谨慎,但是当阿尔多在屋子里溜达时,我可没有任何办法阻止他。有一次,伊莉莎贝塔正在等一个朋友,她们在一起准备国家心理学考试,立志成为一名心理学家。这时,阿尔多从楼上下来,坐到沙发上,开始照例问那几个问题。伊莉莎贝塔照旧愉快地回答,还善意地开他的玩笑。突然,警铃大作,一声尖叫顿时让整个家陷入恐慌。错不了,公鸡打鸣了,臭鸡蛋要来了。没等我下楼,阿尔多就脱下了裤子,就在伊莉莎贝塔震惊的目光下。伊莉莎贝塔的朋友夺门而逃,我则尴尬地为小狗弄脏了家里而道歉。**人口多的大家庭的好处就在于,总能找到替罪羊。**

如果说新成员的加入能够维持家里的平衡,那么又一次严重的损失则差点将它破坏。

2011年,亚历山德拉在经过10年勇敢的斗争后,终于败给了脑癌。费德里科又一次成了鳏夫,埃马努埃莱再次经受了失去母亲的痛苦。我不敢相信,命运对他们如此不公,我感谢玛丽娜让伊利莎贝拉能陪在他儿子身边。只有她陪伴身旁,我的外孙才能经受住未来五年生活向他发起的所有挑战。

第一个挑战是我患上了黄斑病变，为此，我甚至冒了试图贿赂而被逮捕的风险。埃马努埃莱陪我参加体检，以续签驾照。不过，当医生宣布我没有通过时，我掏出了钱包问他："我能做点什么让你改变主意吗？"

之后出现的几个问题将我的心率降低到了每分钟25下，迫不得已，我只好频繁地出入医院。

圣诞节那天，我在关百叶窗时再次摔倒了。这一次情况更严重，我摔倒在阳台的地上，头浸在一片血泊中。发现我的人是埃马努埃莱。好在这一次我没有把另一根股骨摔断，它一直幸存到了2013年的复活节——那是在午餐之前，我像一颗梨子一样摔在了走廊上。

股骨骨折本身问题不大，但是医生担心麻醉药对我心脏的影响，他告诉埃马努埃莱，我醒不过来的风险相当大。埃马努埃莱刚刚经历了失去亚历山德拉的痛苦，他的体重再次突破了100公斤，全身长满了皮疹。埃马努埃莱对可能失去第三位至亲的反应相当糟糕。在医院里，埃马努埃莱整天陪在我身边。手术前一天，一名护士十分粗鲁地要求他离开房间，但是他岿然不动。后来，主管不得不出面干预，才将他抬走。当看到我从手术室回来时，埃马努埃莱哭得像头小牛犊，他对我发誓，以后再也不丢下我一个人了。

回到家里，我假装很冷，立刻叫人给我拿来一条围巾。其实，我的目的是找个东西把腿抬起来，因为我想提前做上次骨折后理疗师教我的复健锻炼。我实在太执拗了，以至于到了他们让我尝试站起来的那天，我已经能够走路了。我做这些都是为了让埃马努埃莱安心，想马上能回去照顾阿尔多，免得埃马努埃莱又想要给我找护工。

然而，无论我拿出多大的毅力，我的身体都在叫嚣它已经84岁了，我不得不屈从于如此明显的事实，即我已经无法生活自理了。我照顾自己已经很吃力了，更不可能再照顾阿尔多。就算到了这步田地，我还是拒绝别人和我们睡一个房间，那样太受限制了。而且，我也不想成为埃马努埃莱和伊莉莎贝塔的负担，他们要操心的事已经够多了。我也让了步，愿意接受找一个管家，由她来帮我照顾阿尔多，到了晚上她再回家去。阿尔多的认知能力一天天变差，我不得不承认，那位女士无比耐心，无比温柔。为了说服阿尔多去洗澡，我甚至以离婚来威胁他。当埃马努埃莱和一位冒充我律师的朋友出现时，阿尔多却十分清醒地回答："清官难断家务事。"他给我的感觉是，他在取笑我们所有人，而且他说得非常有道理。能够确定的是，到目前为止，阿尔多的病情有所好转。

每当埃马努埃莱和伊莉莎贝塔出去旅行或度假时，家里总是挤满他们的朋友，他们都是来探望我们的，看看我们是否需要帮助。伊莉莎贝塔的母亲费尔南达留下来和我们同住，我们很快建立起了神奇的关系。埃马努埃莱与玛丽娜一样，成功地在我们周围建立起了一个由亲戚和朋友组建起的美好大家庭，我们所有人都享受着这个大集体带来的活力。

尽管埃马努埃莱拥有旅行者的灵魂，但他仍然将家庭置于首位。他在维泰博的一家医学期刊出版社找到了工作。科学领域的工作与他的性格相去甚远，但这样的角色让他有机会经常去世界各地参加展览，几天后再返回意大利，不至于离开我们太久。

埃马努埃莱的生活越来越稳定，可阿尔多的病情却愈发不稳定。我们已经待在家里整整12年了，在沙发上度过的那些日子对他的肌肉弹性和情绪造成了毁灭性的破坏。我深爱的那个大男人，只剩下一双蓝色的大眼睛和浑厚有力的嗓音，那声音仍会在深夜时分发出颤音，唱着合唱团的歌。他身体的其他部分都被岁月消耗，被生活吞噬，已经残破不堪。他面容憔悴，肩膀上的皮肤几乎贴着骨头，佝偻的后背仿佛无法支撑起承受过重压的身体。

为了离我们更近一些，埃马努埃莱辞掉了工作，开始在家办公。他在外祖父的书房里工作，书房紧挨着我们的卧室，这样一来，只要我们需要帮助，他就能立刻冲进来帮忙。

阿尔多的90寿诞快到了，埃马努埃莱准备组织一场派对。所有参加派对的人都得穿上一件T恤，上面印着自己的名字、工作和家乡。光是想到这个点子，就让埃马努埃莱兴奋不已。不幸的是，阿尔多连下楼梯都做不到，我们被迫取消了一切安排。没人有勇气告诉埃马努埃莱这件事，不过显然，他很快也放弃了。

我们被迫叫救护车的那一天，埃马努埃莱不在。那是9月26日，玛丽娜的逝世纪念日。多年来，埃马努埃莱一直拒绝参加纪念他母亲的弥撒活动。他不是信徒，他更喜欢庆祝生命，而不愿在其他魂灵中间听到自己母亲的名字。我完全同意他的想法，还鼓励他尽情地出去玩。那一次，等他回来时，却发现外祖父又遭受了一次局部缺血。阿尔多似乎没有引发任何特别的并发症，不过他已经无法喝水和进食了。

埃马努埃莱尝试用各种方法刺激阿尔多。他准备了外祖父最爱吃的食物，还邀请他的朋友们共进午餐，希望陪伴能够帮助阿尔多，但阿尔多丝毫没有进食的意思。阿尔多虚弱极了，我们不得不把他送进康复中心。只有埃马努埃莱去看他时，阿尔多才会恢复清醒，而且他的执拗一直坚持到了最后。我只鼓起勇气去看过他两次：他把我当成了自己的母亲，而我拒绝承认那是我对他最后的回忆。我的外孙、伊莉莎贝塔和费德里科从未丢下他一个人。

2017年12月2日，也就是33年前，埃马努埃莱出生的同一天的同一时间，阿尔多随玛丽娜去了。

我一直希望自己是先离开的那个人。我知道这个想法很自私，可是我无法想象没有阿尔多的日子该怎么过，我的一半消失了。

人们说，爱情的长度不重要，重要的是浓度。没错。可同样的，两万两千七百七十一天的婚姻也有它的分量。经过六十二年四个月零两天，我才知道问题能被一分为二，快乐可以变成两倍。

现在呢？我感觉内心空虚，如同一只没有咖啡的杯子；自己百无一用，如同一架无风的风车；身体支离破碎，如同圣灰星期三①早上满地的彩色纸屑。

失去玛丽娜后，死亡再也无法打击到我。我曾以为，我已承受了如此多痛苦，泪水早已干涸。接到朋友或熟人去世的电话通知时，我是那样无动于衷，以至于当埃马努埃莱挂断电话，问我是否难过时，我只是平静地回答："他们比我好。"只有两次，我的呼吸停滞了。

第一次是我哥哥拉法的去世。那是2010年8月的一个

---

① 也称圣灰节，大斋首日，是基督教的教会年历节期大斋期之始。

下午。距离我最后一次见他已经过去了整整10年。我再也听不到他的声音了，这个消息令我悲痛了数日，甚至连自己的声音也听不见了。的里雅斯特院子里那些大桌宴客的记忆，只剩下我这位最后的保管人。我也成了世界上唯一一个在伊斯特拉的外祖父母家中经历过战争的人。不过，最重要的是，我再也不是任何人的小女孩了。没有哪个年龄的人能完全做好准备接受这一点。

几年后的10月份，第二次死亡的打击迎面扑来。当时，丽达亲爱的邻居女士打电话给我，告诉我丽达已经离世的消息。我已经有15年没有见到我最好的朋友了，但是我们经常通电话，她一直是我60年前认识的那个小女孩。丽达一直是个老小姐，只有在这个词里，她才能被称作"小"女孩子，因为她的身材就像宇宙一样一直在膨胀。每一周丽达都会有不同的敌人，她有用不完的空余时间，通晓法律知识，她以提起诉讼和寄警告信和抗议信为乐。丽达时常向我抱怨自己的健康问题，若是我每次都信以为真，那她至少已经死了十几次了。可能对所有人来说，这个消息都在预料之中，可是我却完全忽略了现实，以至于这个消息像夏天的布拉风一样叫我震惊。

如果说，直到现在，面对阿尔多，我做不到彻底放手。可是，这一次，我发现对死亡继续有反应毫无意义。我并不惧怕死亡。现在，令我害怕的是生活。

相反，埃马努埃莱却能够平静地面对哀伤。他陪着阿尔多，直到他生命的最后一刻，他没有任何需要责备自己的地方。我也不会指责自己，在过去的13年中，我一直陪着阿尔多，站在他身后，内心充满爱，尽管有时会咒骂我正在经历的生活。我仿佛城堡里的囚徒，清理地板上的脏东西，惩罚自己每天重复做一百遍同样的事情。然而，现在阿尔多不在了，我甚至怀念那些晚上被他尖锐的声音吵醒的日子。

我的笑容消失了，埃马努埃莱注意到了，于是他和伊莉莎贝塔想出一个主意：让我写一本菜谱，送给朋友们当作圣诞礼物。过几天就是平安夜了，埃马努埃莱宁可花时间待在家里，陪我一起抄写菜谱，也不愿去逛商店，买下第一眼就心仪的商品。

我非常感谢他对我的关心，但同时这也让我觉得自己是他的负累。现在，阿尔多走了，我觉得自己一无是处。尽管我是个自由的女性，但我仍愿意把自己关在家中。埃马努埃莱让我给朋友们通通电话，可是他不明白，写着电话号码的通信录，更像是一页页讣告清单。

埃马努埃莱还提议陪我去的里雅斯特，可是那里只剩下比切了，于是我断然拒绝。我甚至拒绝了他与伊莉莎贝塔的婚礼邀请。最后，我还是参加了婚礼，不过，之后我没有跟他们一起参加伊维萨岛上的庆祝活动。我去了又能做什么呢?

我已经88岁了。我是一条沉船,是社会的负担。我越是看到埃马努埃莱对我的关心,就越感觉自己碍事,甚至生自己的气。

我没有时间，也不想死亡

厨房瓷砖的个数是奇数，而浴室瓷砖的个数则是偶数。客厅电视上方的书架上摆放着一些书本，窗外斜射进的阳光将书页晒得泛了黄。

自从不用照看阿尔多之后，我开始观察起家中的许多物品。没什么玄妙的，它们全都毫无用处，与我一样。我一连几个小时坐在那里，凝望着虚空，在记忆中寻求庇护，满心希望时钟能够以最快的速度转动。可是，时间从未逝去。

我尽量避免接电话。我那些幸存在世的朋友似乎在比赛，看谁抱怨得最少，他们能为我提议的最好活动就是搭车去墓地转一圈。

我唯一过敏的正是那些整天不停抱怨的人，我感觉他们有毒。每个人都有各自的烦恼，年岁越大，烦恼越多，可是不停地罗列那些又有什么意义呢？ 如果每个人都抱怨，又能赢得什么奖品呢？能积累积分兑换时光机吗？如果你的烦恼比倾听者的更多,难道你的积分会翻倍吗?与人交谈的美妙之处在于能够从自己的思想跳脱出来,让对方带我们去往孤身一人永远无法抵达的彼岸。或许正是出于这样的原因,我才特别喜欢与年轻人在一起——他们喜欢谈论解决方法,而不是问题。

此外,没有哪个年轻人会邀我一起去墓地。自从阿尔多第一次罹患局部缺血后,我再也没去过那里。我无法接受我一生中最爱的那些人被关进花岗岩中,我更喜欢在家里为他们献上我的思念,而不是在那些墓碑前悲痛不已。

有人试图让我觉得,我这种逆潮流的选择是"错误"的,但我不是那种负罪感满满,以至于让花束每天盛开在陶瓷照片前的寡妇。

在对方还活着时,就要向他展示爱和尊重。这颗心需要哀悼,仍需要消化痛苦。失去玛丽娜,让我经历了漫长而痛苦的消解,不过这也给予了我一种天赋,即每当得知死亡,我都能坦然接受。

起初,在我得知其他人的离去,异常平静地回答"他比我好"时,埃马努埃莱被吓坏了。当我开始评论说"他真有福气"时,埃马努埃莱又开始非常担心我。

埃马努埃莱异常坚持,一定要让我开心。他提议每天都陪我去逛超市,或是任何我想去的地方,但我继续拒绝他的每一个邀请，甚至拒绝得非常粗鲁。在经历了无数次被拒绝后，埃马努埃莱的智慧帮了大忙。我非常抵触他人的帮助，然而，对于一心想要帮我的外孙，我也要如此顽固吗？

突然间，伊莉莎贝塔和朋友们都不愿陪埃马努埃莱出去了，因此，他来问我，是否愿意同他一起去参加一家比萨店的开业典礼，或是去看看大家一直在谈论的新开的商店。埃马努埃莱说，他一个人去会很尴尬，若是我不陪他一起去，那么他自己也就不去了。他想给人留下好印象，也为我选择了衣服：若是由着我自己，我宁愿套上运动服就出门。

看到新的地方，待在年轻人中间，并与我的小外孙在一起，这一切都让我感觉很好。这让我想要活在当下，而不是沉溺于过去，或是担忧未来。可是，当我回到家时，情绪再一次将我冻僵。

埃马努埃莱又找了新借口，他要给我在花园里拍些照片，帮忙试一试他的新相机。他最近把外祖父的衣服收拾到了阁楼里，以免我每次看到都要经受离别的痛苦。埃马努埃莱还找到了装着我的旧衣服的包裹。

之后，埃马努埃莱压根儿没跟我解释他在做什么，就把这些照片发布到了照片墙上。埃马努埃莱常拿他这份实验性的工作催促我，于是，与镜头的约会很快成为我们日常生活的一部分。

每天一大早，埃马努埃莱都会照例向我问好，手里还拿着电话。起初几周，是他坚持让我留在这个游戏里，后来，我居然主动去敲他工作室的门，请他为我拍一张照片。埃马努埃莱还特意把家里装饰了一下。

我喜欢做模特，而且相信照片越成功，分数越高。我从没想过要赢得什么奖品，再次微笑，同时与小外孙共度快乐的时光，是我最想要的。

等我意识到那些数字是人数时，游戏就越发精彩了。我简直不敢相信，竟然有人会对我这样的老妇人感兴趣。不过，埃马努埃莱每天都会给我朗读来自世界各地的消息和评论。美国、比利时、英国、澳大利亚……就连报纸都在报道我们。听人们说我很美，我都开始信以为真了。我早已忘记美好是什么感觉了。

我原本以为电脑不过是辅助工作的工具，我对它从不感兴趣。"互联网"这个词，我也听人提起过很多次，但还不太清楚它究竟能做些什么。当然，老年人在接触互联网之前，不太喜欢它也是可以理解的。因为互联网，我们成了第一代没有随着年龄增长而积累知识，反而在丧失知识的老年人。我们深信，它破坏了我们这个年纪最受赞誉的品质之一：智慧。然而，在克服了困难和恐惧后，我们才发现那是一个多么棒的工具，它能够改善和简化我们的生活。有了照片墙后，我可以与整个世界接触，不再感到孤单。

毫无疑问，埃马努埃莱第三次拯救了我。他让我穿上的五彩服饰覆盖了哀悼的黑色，这亮丽的色彩同样渗透进了我的灵魂深处。真正热爱色彩的人都知道，色彩存在的真正意义是抚慰精神，而非眼睛，即使垂下眼皮，人们也能感受到色彩的存在。

与此同时，伊莉莎贝塔成了非常优秀的心理学家，在她的帮助下，我的小外孙知道该如何帮我建立起新的习惯。每天早上，我们都一起吃早餐，读消息和留言，隔天下午，我会出门与照片相约，同时在照片下写下我的感想。那些句子表达的是我的情绪，或是我想要放弃的情绪，这帮助我铭记自己是谁。

瞧！我为岁月在我脸上刻下的痕迹而自豪，因为年龄代表生命，而我想拥有完整的生命。或许，我看起来没有那么完美，但完美是不真实的。请你们相信：看起来真实比可悲更好。

2018年3月5日

我喜欢颜色、流行珠宝和配饰、原创服装……我不在乎别人怎么看，只要我感觉好就行了。

2018年3月25日

在这一生中，我们匆匆而过，没有时间悲伤。去传播爱，去感恩吧！

2018年4月7日

或许，当我面朝大海时，我只喜欢专注在美好的回忆中，并提醒自己，我选择的是幸福。

2018年4月18日

当小偷偷走了我的一生中的珍宝、我的礼物或记忆时，我感到十分可惜，不过我却发现了塑料做的人造珠宝。它们不仅色彩绚烂，而且便宜、有意思，这更能体现我的个性——黄金是永恒的，但我只是一个过客。当然，我还是更喜欢黄金，可是，就算你不能拥有黄金，同样能够一直找到快乐的方式！

2018年5月6日

花园算得上是生活中最优秀的校园了：你需要汗水、耐心和爱心才能收获你想要的；这并非是否有种植天赋的问题，而是努力的问题。

你必须对自己诚实，借口会为失败开启大门。改变从来都不晚，试想，粪便能够化作春泥护花，花园如是，生活亦如是。

2018年5月28日

有时，你必须作出选择，是做一个有教养的人，还是做一个尽情享受生活的人。

我永远选择第二个！

2018年7月16日

我88岁了，但从未忘记该如何玩耍！感谢大家传递给我的爱。我又一次笑了。

2018年8月3日

当你快89岁时，回想往昔可能很危险，因为悲伤会捶打你的脊背。就连思考未来也不容易，因为与日出相比，日落近在眼前。幸福之道在于着眼于当下。女孩们，新年快乐。女士们，现在快乐。

2019年1月7日

最难说出口的词是"对不起""不"和"再见"。

"对不起"事关个人的骄傲：关键是接受这样的想

法，即我们为之骄傲的是接受自己的弱点，而非认为自己从不犯错。

"不"是一种真实的本能：似乎这不是最简单的方法，但只有说出这个字，我们才能找到自由的真正含义。

"再见"是接受有人打破了我们生活的平衡，因此最好保留最美好的回忆，而非抓着这个错误的想法不放。

如果这些对你来说很难说出口，那么不妨试试手势。

2019年1月12日

重读我写下的话，我似乎重新走进自己的整个生命中。那些生命中的时刻，那些爱我的人，那些艰难的经历……我分享自己的想法和从生活中学到的东西，吸引了超过1万名粉丝（今为23.5万粉丝）。每天都会有人写消息询问我的建议，感谢我给予他们的宁静和笑容。我重新觉得自己有了些用处，我终于醒悟，生活是有意义的。

现在，我只剩下一个问题：是我选择了快乐，还是埃马努埃莱为我作了选择？我是认真主动走进了游戏，还是被拖进来的？

一个"不体面的提议"帮我弄清楚了我对生活的热情的真实状况。一位名叫塞丽娜·塞尔杰夫斯卡-皮古拉的波兰设计师邀请我去德国，为她的系列珠宝拍摄照片。她甚至直接问我要我的私人印章。

埃马努埃莱欣喜万分，但我却不想开启这趟旅行。虽然我的心境可能明朗了，但是我的身体不可能再年轻了。我已经88岁，我的位置就在家里。

面对我的拒绝，塞丽娜并没有放弃，她主动提出来我家里拍照。塞丽娜想用她的珠宝传达这样的信息：美丽是永恒的，你只需要学会观察它。塞丽娜和她的朋友赫克托·韦里斯一起拍摄珠宝照片，他们选中的模特有年轻女孩，也有老妇人，他们希望能够以此展示女性的气质。塞丽娜坚称，她被我的活力和魅力迷住了，而我一向不经夸，最终接受了她的邀请，做她的模特。

拍摄这些照片，埃马努埃莱没有要求过任何报酬。他打开了照片墙的个人主页来分散我的注意力，这令我重展笑颜，埃马努埃莱甚至乐意由他付钱来让我体验。

塞丽娜和赫克托在我庆祝89岁生日的那一天抵达。我的这场生日聚会被迫推迟了近一个月，因为我的坐骨神经有严重的炎症，让我卧床了数周。

当我重新站起来后，埃马努埃莱怀着满腔热情，邀请了很多人。我们没办法，只好另外置办一张延长桌，才能招待更多的客人。那个生日对埃马努埃莱来说是一个特殊的里程碑，它代表我们战胜了另一个困难，并为此庆祝，他希望亲近的人都能陪在我们身边。看起来，这次聚会与埃马努埃莱小时候的许多次圣诞聚会一样，陪在我们身边的有罗萨娜和她的家人们，伊莉莎贝塔的父母和兄弟，还有埃马努埃莱最亲密的朋友们。当然，还有费德里科，那时，他再次勇敢地站了起来，向一位名叫奇亚拉的新伴侣敞开心扉。

在为那些离开的人敬酒时，我更愿意想象，其实他们都还在那里，就在离我们很近的地方。我似乎又看到了他们，他们十分自豪，因为我们尊重他们的遗愿，重新回归幸福。"逝者安息，生者享乐"，有的人可能会这样想。但是，我有话要补充。我们永远不该因所爱之人的离去而扼杀自己。我们的一部分随他们而去，这没错；但同样真实的是，他们的一部分也将永远跟随我们继续生活下去，若是我们想要尊重生命的意义，并向生活的每一天致敬，那么就该专注于这一点。

如果离开的是我，而不是阿尔多，那么若得知他重拾笑颜，与我们的小外孙幸福地度过每一天，我将会非常开心。爱是学会因为对方的喜悦而感到幸福。难道在亲友去世之后，我们就不配拥有快乐了吗？哪个真心爱我们的人，会喜欢听到我们伤心，而不是开心的消息呢？

我们不该为重新站起来，重拾微笑而感到羞愧，这样并非不尊重那些离开的人。哪里有新生，哪里就有死亡。谁说有悲伤的地方，就不能同时有欢笑呢？

庆祝时，他们敬了我太多酒，让我拔掉了所有的抑制阀门。塞丽娜和赫克托向我展示他们拍摄的一些近乎裸体的女性照片，在众人的热情和错愕中，我告诉他们，我也可以毫无遮蔽地拍摄，这没有问题。埃马努埃莱知道我疯了，但是他不知道我疯到了这种程度。

在生命中，有太多次我必须克制自己，但老年的奢侈就是你能做你想做的任何事情。

第二天，我的卧室就被改造成了摄影棚。他们的灯比我的个头都要大，他们甚至有一个鼓风机，能吹动我的头发。我要做的只是洗个澡，仅此而已，没有任何技巧或花招。

这些照片恰恰是为了展示所有年龄段女性身体的自然美，这与女性在年老后就应该放弃装扮、展示自己的刻板印象形成了鲜明的对比。

在拍摄时，我丝毫没感到羞耻，我解下晨衣，展露出里面赤裸的身体。塞丽娜、赫克托和我外孙的目光不约而同地汇聚到了两只因重力而自由下落的旧袜子上。我把袜子拿在手里，向前拉出来，语气淡淡地告诉他们不要担心，看样子袜子是掉下来了，原本应该是紧紧贴着的。我的身体或许已干瘪如木乃伊，但我的精神却依旧是个小女孩。我从未忘记该如何玩闹。

在这些孩子面前，我感觉很自在，虽然我们说着不同的语言，仍然能够彼此理解。他们都不相信，这是我第一次当模特。我喜欢设定目标，渴望聆听再次接受自己的内心悸动。这欲望不是因为虚荣，而是为了活下去。爱自己能帮助你更爱他人。

在完成最后一组拍摄后，大伙儿一起出去吃晚饭，然后签下了我的第一份合同。我同时授权了他们用我的照片办展览，然后我们聊了很久有关女性主义的话题。塞丽娜并不贪心，她人很好。她做这一切工作的目的并非推销自己的珠宝，而是向全世界发出明确的信息，为此，她找我当她的宣传大使。

无论是青年还是老年，男女都应该平等。很不幸，对我们的社会来说，情况仍非如此，是艺术家们在重新构想这个世界。

一个有魅力的老头可能会被形容为英俊潇洒，而一个漂亮的老妇至多被看作风韵"犹"存。似乎过了更年期，女性便不再有任何价值，只有具备生育能力才值得被称赞。

在塞丽娜看来，让人们看到和欣赏老年女性的裸体，能够帮助女性保持更大的自信，而无论年龄如何增长。当塞丽娜得知有那么多非常年轻的女性求助整形外科医生，请他们消除自己初老的痕迹时，她被吓坏了，仿佛年轻是一种美德，而年老是一种过错。塞丽娜非常感谢我能够认同她的想法，她着力强调说，能在我这个年纪的人当中找到持有相同自由思想的人是多么难得。

在出发回波兰前，塞丽娜紧紧地拥抱了我，还把拍摄时我戴的项链送给了我。我们都无比感动，甚至有些遗憾，因为在这次奇妙的会面后，我们必须再次回归各自常态的生活。

埃马努埃莱希望这是我漫长系列的第一站，但我却想尽量减少此类拍摄。埃马努埃莱是一个伟大的梦想家，可当他无法控制时，情绪就会在梦想的热情洋溢与幻想的心灰意冷间左右摇摆。虽然拍摄非常美好，但我相信，一切到此结束了，还会有谁想要一个像我这样老的模特呢？

早安，外祖母

"外祖母，他们计划给我们写一本书！"我激动地对她说。

"给我们？那我们该说什么……"

五个月来，每天早上，越来越多人说出那句"早安，外祖母"，五个小时的自白和家庭故事填满了我们生活的每一天。

凭借我们之间愈发明显的合作关系，以及能够适应任何情况的能力，我们临时充当起了考古学家的角色；我们带着照片和记忆，一同去挖掘那段非同凡响的人生旅途中的回忆，甚至掩盖了那最后一个预料之外的转折。

那通大名鼎鼎的电话将我从床上拉了下来，因为外婆获得了意大利最年长的老年模特和最有影响力的人物称号。外祖母为《滚石》杂志拍摄了封面，电视广播、Le Iene 节目和摄影成为她新的生活常态。最重要的是，她能获得很多乐趣。

外祖母最大的愿望是我能够幸福,而只要她幸福,就是我最大的快乐。而且我十分满足,因为我用一个盛大的结局,补偿——至少部分补偿了生活带给她的诸多挑战。

人们说,孩子们会模仿他们看到的,而不是听到的:如果说外祖母教给了我一件事,那绝对是爱。我们尽情享受着彼此的微笑,并将它看作一种全新形式的快乐,我们共享这快乐,以至于它的浓度是那样强烈。

当外祖母的形象在社交媒体上广为流传后,我们更希望人们认识的是真正的她。看到照片墙页面上那个掉光了牙的老太太,那五颜六色的花衣裳,人们可能会以为那是一个不知人间疾苦的富有老太太。然而,她周身散发的光芒,却是在遭受重重撞击后,从灵魂的裂缝中迸发出来的。

在外祖母讲述时,我们经常相视而笑,我甚至学会了用不同的眼光看待那些在黑白背景下被我忽略的叔叔和阿姨,他们同样拥有青春。我们惊讶地发现,人们的需求和渴望始终未变,它们属于人类,而不独属于某些时代。

我们也会哭,我们会问自己,是否有必要打开某些潘多拉的魔盒。

我们思考再三,最后发现,只有首先揭开这些故事,之后才能发出关闭的指令。于是,我们决定重温外祖母莉西亚克服的一切苦难，这样才能获知她是如何抵达幸福的彼岸的。在某些时刻，如果你知道自己并非唯一经受如此苦难的人，或许能够帮助你走得更远。

经历痛苦没有错，只是不要抛弃自己。

正如外祖母莉西亚教给我的，
我们没有时间悲伤。
生活的美丽与脆弱密不可分。

致谢一

感谢生活每天不断赐予我的所有礼物。

感谢我的外孙,他让我能够爱别人,即便在我忘记如何去爱的时候。

感谢他的妻子伊莉莎贝塔,她用爱和耐心欢迎我进入她的生活。

感谢我的女婿费德里科,他随时准备向我施以援手。

感谢我在人生旅途中遇到的所有人,因为我从每个人身上都学到了一些东西。

感谢我的粉丝们,是他们每天陪伴着我,是他们让我实现了自己从未设想过的梦想。

感谢你们所有人,我没有时间,也不想死亡。

莉西亚

致谢二

感谢我的外祖母,她一直都在那里,无论生活多么艰难,她都会让我懂得如何热爱生活。

感谢我的外祖父,他是我追随的最伟大的榜样。

感谢我的父亲,他从不向痛苦屈服,他亲身示范,重生总有可能。

感谢我的妈妈玛丽娜,我发现在短短的四年时光中,她给予我的远比我想象的多。

感谢我的妈妈亚历山德拉,她将对写作的热爱和对生命的尊重传承于我——直到现在。

感谢我的阿姨罗萨娜,她从小就教导我,血缘关系并非成为一家人的必要条件。

感谢我的妻子伊莉莎贝塔,因为她的爱,她的擅长沟通和对我的理解,将我带回幸福的大道。

感谢我的治疗师詹卢卡·比吉奥,是他理顺了我的思绪和记忆。

感谢伊莉莎贝塔，我亲爱的编辑对我们的信任，以及她的敏锐。

感谢阿里安娜和亚历山德拉，对我的草稿做了宝贵的修订。

感谢弗拉维奥罗，让我从不缺乏灵感。

感谢玛丽娜·特里萨·马里尼教授，为我打下最坚实稳固的写作基础。

感谢米莉亚、费德和谢里尔，在我缺席时能够耐心等待。

尤其要感谢在我生命中出现的所有母亲。埃莉奥诺拉、米凯拉、阿里安娜、玛莉亚、瓦伦蒂娜、法布里齐亚、安娜、卡拉、西蒙娜、罗伯塔……

感谢所有那些了不起的人，那些在母亲消失后，尽一切努力填补巨大的空虚的人。

我指的是父亲们，他们将自己的痛苦置于孩子的痛苦之后。

我指的是祖辈们，他们付出努力，让孙辈的生活回归正常，变得多姿多彩，却忘记了为此洒下的热泪。

我指的是那些同意在母亲离去后补位的妻子或女友，她们往往没有按下门铃，成为侵入家庭的外人。

我指的是朋友们，他们心中生出一种散发着甜蜜、细腻和坚定的保护欲。

我们都如此勇敢，乐于分享幸福。但是，真正的爱表现为能够共担痛苦。

感谢所有人的耐心。

感谢所有人的爱。

感谢我们难以相聚时，你们都在那里。

克服恐惧，向痛苦中的人伸出援手，只为让他们能够不再害怕，勇敢地接受爱，变得幸福，这是我所知的最纯粹的爱。

感谢生活，让我周围有这么多母亲。

感谢你们所有人，愿你们给予我的幸福，我能以十倍回报。

埃罗